بسم الله الرحمن الرحيم

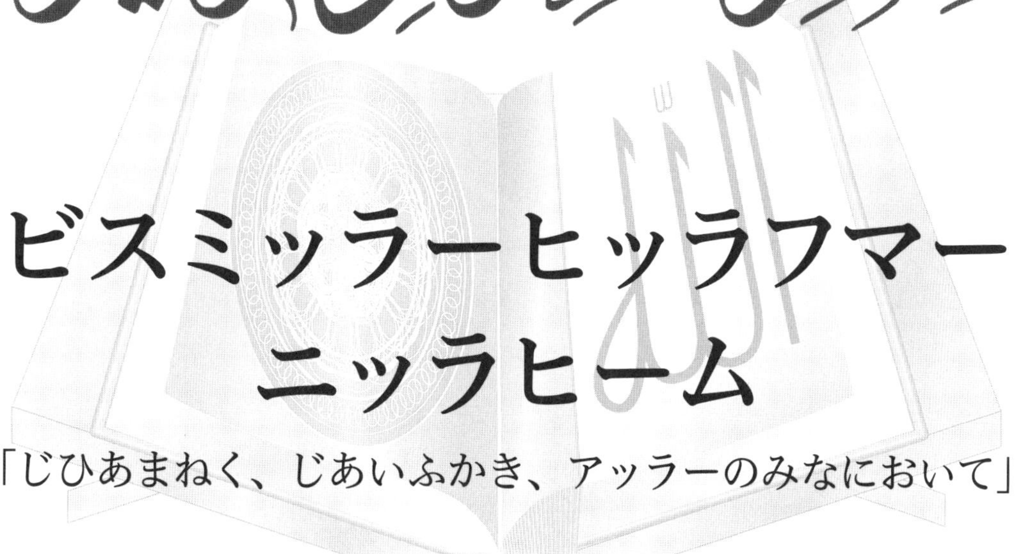

ビスミッラーヒッラフマーニッラヒーム

「じひあまねく、じあいふかき、アッラーのみなにおいて」

クルアーンについてＱ＆Ａを通（とお）して学（まな）びましょう！

名前（なまえ）：

Assalamu alaikum

Japan is a non-Muslim country. But as Japan is called country of peace, so there is no restriction in practicing their religion in this country. Thus we, the people coming in Japan from different Muslim countries, are surrendering ourselves to ignorance or astray. Especially our new generations.

We learned Japanese language after we came to Japan. As we send our children to Japanese schools, our children are more proficient in Japanese than us (parents). Many books have also been published in Japanese for the purpose of Islamic invocation. I am seeking help from Allah Rabbul Alamin and I am asking for your help, as I will do it in the form of a series of questions and answers about knowing Quran and Hadith.

I hope series 01 as a book will be beneficial for everyone. Furigana is used on top of the kanji to make it easier for children to understand. It has also been translated into two other languages besides Japanese. It has two advantages. 1. In addition to teaching young children, parents will also learn Islamic knowledge and learn Japanese. 2. Foreign parents will also brush up on Japanese.

Dear parents, have we been able to fulfill the rights of children? Let us raise our children as good children. About this there is a hadith, on the authority of Abu Hurairah Radiyallahu Anhu, the Messenger of Allah, may Allah bless him and grant him peace, said: "When a person dies, all his deeds cease, but 3 deeds do not cease -

1. Zarya in charity
2. Knowledge that can be benefited from
3. Such a righteous child – who prays for him" [Sahih Muslim:1631]

May Allah accept us as His slaves.

Md Nayamat Ullah

アッサラームアライクム。

日本は非イスラム教徒の国です。しかし、日本は平和の国と言われているので、この国で宗教を信仰することに制限はありません。このようにして、さまざまなイスラム諸国から日本に来た私たちは、無知や迷いに身を委ねているのです。特に私たちの新しい世代はそうです。

私たちは日本に来てから日本語を学びました。子どもたちを日本人学校に通わせているので、子どもたちは私たち（親）よりも日本語が上手です。イスラムの祈願を目的とした多くの本が日本語でも出版されています。私は全世界の創造主アッラーに助けを求めています。クルアーンとハディースを知ることについて一連の質問と回答の形で行うので、アッラーの助けが必要です。

シリーズ01が皆様にとって有益な書籍となれば幸いです。子どもたちにもわかりやすいように、漢字の上にふりがなを振ってあります。日本語以外にも2つの言語に翻訳されています。これには2つの利点があります。

1. 幼児に教えるだけでなく、親も日本語を学びますし、イスラームの勉強にもなります。
2. 外国人の保護者も日本語をブラッシュアップします。

親愛なる保護者の皆様、私たちは子どもの権利を果たせていますか？ 子どもたちを良い子に育てましょう。これについてはハディースがありアブー・フライラ（ラディヤッラフ・アンフ）の権威により、アッラーの使徒アッラーが彼を祝福し平安を与えてくださいますように、こう述べています。ある人が亡くなるとき、次の3つを除いて全ての善行は終わります。

1. 継続的な慈善活動
2. 役立つ知識
3. 親のために祈ってくれる良い子ども [サーヒーフ・ムスリム:1631]

アッラーが私たちを彼のしもべとして受け入れてくださいますように。

エムディ ニヤマット ウッラ

目次
もくじ

アル・クルアーン（テスト式）日本語・・・・・・・・・・・・・・・ 5p

アル・クルアーン（テスト式）英語・・・・・・・・・・・・・・・ 41p

アル・クルアーン（答え合わせ）日本語・・・・・・・・・・・ 70p

アル・クルアーン（答え合わせ）英語・・・・・・・・・・・・ 94p

アル・クルアーン（質問と答え）ベンガル語・・・・・・ 117p

Index

Al Qur'an (For test) Japanese ・・・・・・・・・・・・・・・・・ 5p

Al Qur'an (For test) English ・・・・・・・・・・・・・・・・・ 41p

Al Qur'an (Question & Answer) Japanese・・・・・・ 70p

Al Qur'an (Question & Answer) English ・・・・・ 94p

Al Qur'an (Question & Answer) Bangla・・・・・・・・ 117p

アル・クルアーン

1. 質問：「クルアーン」とはどういう意味ですか？
   答え：

2. 質問：クルアーンは全部で何章ありますか？
   答え：

3. 質問：クルアーンにはジュズがいくつありますか？
   答え：

4. 質問：クルアーンにはマンジル（部分）がいくつありますか？
   答え：

5. 質問：マッカの章はいくつありますか？
   答え：

6. 質問：マディーナの章はいくつありますか？
   答え：

7. 質問：クルアーンが啓示されたのは何の夜ですか？
   答え：

8. 質問：クルアーンが啓示されたのはいつですか？
   答え：

9. 質問：クルアーンのメッセージを預言者ムハンマド（彼に平安あれ）に伝えたのは誰ですか？
   答え：

10. 質問：預言者ムハンマド（彼に平安あれ）に啓示をもたらしたとき天使ジブリールが変身していたサハーバ（預言者の教友）の名前は何ですか？
    答え：

11. 質問：啓示を受けたとき預言者ムハンマド（彼に平安あれ）はどのような苦痛を感じましたか？
    答え：

12. 質問：クルアーンがアラビア語なのはどうしてですか？
    答え：

13. 質問：クルアーンはどのような啓示ですか？
    答え：

14. 質問：クルアーンの出典はどこですか？
    答え：

15. 質問：クルアーンの主な解釈書は何ですか？
    答え：

16. 質問：クルアーンが全て啓示されるまでに何年かかりましたか？
    答え：

17. 質問：最初に啓示されたクルアーンの節はどこですか？
    答え：

18. 質問：最後に啓示されたクルアーンの節はどこですか？
    答え：

19. 質問：クルアーンのどの章が最初に完全に明らかにされましたか？
    答え：

20. 質問：クルアーンの最初の章はどの章ですか？
    答え：

21. 質問：クルアーン最大の章はどの章ですか？
    答え：

22. 質問：クルアーン最小の章はどの章ですか？
    答え：

23. 質問：クルアーンの最後の章はどの章ですか？
    答え：

24. 質問：クルアーンで最も長い節があるのはどの章ですか？
    答え：

25. 質問：クルアーンで最も高貴な節はどれですか？
    答え：

26. 質問：義務の礼拝の後に唱えれば、死以外に天国に行くのに障害がないというのはどの節ですか？

答え：

27. 質問：クルアーンのどの章が私たちを墓の罰から救ってくれますか？

答え：

28. 質問：特に金曜日（サラートルジュムアの日）に唱えることが推奨されているクルアーンの章は何ですか？

答え：

29. 質問：クルアーンのどの章が暗唱者をダッジャールのフィトナから守ってくれますか？

答え：

30. 質問：金曜日のファジャル礼拝で唱えることが推奨されているクルアーンの２つの章はどれとどれですか？

答え：

31. 質問：サラートルジュムア（金曜礼拝）で唱えることが推奨されているクルアーンの２つの章はどれとどれですか？

答え：

32. 質問：夜はどの章の最後の２節を暗唱すれば十分ですか？

答え：

33. 質問：クルアーンのどの章を愛することが人びとを楽園へ導きますか？
答え：

34. 質問：クルアーンの啓示はいつ終わりましたか？
答え：

35. 質問：クルアーンにはいくつのサジダがあり、それはどの章に含まれていますか？
答え：

36. 質問：クルアーンのどの章で最初のサジダが見られますか？
答え：

37. 質問：マディーナ啓示の章にはいくつのサジダがありますか？
答え：

38. 質問：クルアーンのどの章に2つのサジダがありますか？
答え：

39. 質問：アル・バカラ章にはいくつの節がありますか？
答え：

40. 質問：メッカ啓示の章とマディーナ啓示の章はそれぞれどういうものですか？
    答え：

41. 質問：メッカ啓示の章の特徴は何ですか？
    答え：

42. 質問：マディーナ啓示の章の特徴は何ですか？
    答え：

43. 質問：「タフスィール」とはどういう意味ですか？
    答え：

44. 質問：クルアーンで最高のタフスィールと呼ばれているタフスィールは何ですか？
    答え：

45. 質問：解釈されていないクルアーンの節は何種類ありますか？
    答え：

46. 質問：ムフカマートとはどんな節ですか？
    答え：

47. 質問：ムタシャービハートとはどんな節ですか？
    答え：

48. 質問：どうしてクルアーンにムタシャービハートがあるのでしょうか？
    答え：

49. 質問：信者はムタシャービハートについてどのような信念を持つべきですか？
    答え：

50. 質問：ムタシャービハートの例をあげてください。
    答え：

51. 質問：ヌズルとはどういう意味ですか？
    答え：

52. 質問：元のクルアーンはどのようなものでしたか？
    答え：

53. 質問：ジャミウル・クルアーンとは誰ですか？
    答え：

54. 質問：どんな出来事がきっかけでクルアーンを編纂する必要性が出てきましたか？
    答え：

55. 質問：初期の頃、クルアーンはどのように保存されましたか？
    答え：

56. 質問：クルアーンを暗記した人びとを何と呼んでいますか？
    答え：

57. 質問：預言者ムハンマド（彼に平安あれ）にもたらされた啓示を記録したのは誰ですか？
    答え：

58. 質問：クルアーン編纂委員会の中で最年長の記録者は誰ですか？
    答え：

59. 質問：ザイド・ビン・サービットは何度クルアーンの編纂を命じられましたか？
    答え：

60. 質問：アブー・バクルは誰の助言でクルアーンを編纂しましたか？
    答え：

61. 質問：ウスマーンは何人のメンバーでクルアーンの編纂委員会を結成しましたか？
答え：

62. 質問：アブー・バクルがカリフだった期間、クルアーンの編纂作業は何年続きましたか？
答え：

63. 質問：どの時代に誰の指示で、クルアーンに句読点（ヌクタ）がつけられましたか？
答え：

64. 質問：誰がクルアーンに句読点（ヌクタ）をつけましたか？
答え：

65. 質問：誰がクルアーンにハラカを追加しましたか？
答え：

66. 質問：最初にクルアーンをムスハフと名付けた人は誰ですか？
答え：

67. 質問：アル・ファーティハの章で「マグドゥーブ」「ダーリーン」とはそれぞれ誰のことですか？
答え：

68. 質問：偽信者の議論は、どの章で多く行なわれましたか？
    答え：

69. 質問：アッラーがクルアーンを明らかにされた夜、その夜にはいくつのしるしがありましたか？　またそれらは何でしたか？
    答え：

70. 質問：アッラーが天にかけて誓われた2つの章はどの章ですか？
    答え：

71. 質問：アッラーが植物の名前で誓ったのはどの章ですか？
    答え：

72. 質問：クルアーンには天国の名前がいくつ出てきますか？
    答え：

73. 質問：クルアーンに出てくる7つの地獄はそれぞれどんな名前ですか？
    答え：

74. 質問：クルアーンには預言者たちの息子たちが６人出てきます。それぞれの名前は？

答え：

75. 質問：クルアーンには預言者ムハンマド（彼に平安あれ）の名前が何か所に出てきますか？

答え：

76. 質問：クルアーンには預言者が全員で何人出てきますか？

答え：

77. 質問：クルアーンでムバーハラの節はどの章に含まれていますか？

答え：

78. 質問：イマーム・シャーフィはどの章のことを「他の章が人類に明らかにされるか、だとしてもこの章があれば十分だった」と言いましたか？

答え：

79. 質問：クルアーンの中で、問いかけで始まる章はいくつありますか？　またそれはどの章ですか？

答え：

80. 質問：完全なクルアーンの３分の１に相当する章はどの章ですか？
答え：

81. 質問：クルアーンの４分の１に相当する章はどの章ですか？
答え：

82. 質問：「アルハムドウリッラー」で始まるクルアーンの章はどの章ですか？
答え：

83. 質問：クルアーンに「ビスミッラ・ヒル・ラフマーニッ・ラヒーム」は何回出てきますか？
答え：

84. 質問：「ビスミッラー・ヒル・ラフマーニッ・ラヒーム」が２回出てくるのはクルアーンのどの章ですか？
答え：

85. 質問：クルアーンで冒頭に「ビスミッラー」がないのはどの章ですか？
答え：

86. 質問：ドゥアの祈りで終わる章はどの章ですか？
答え：

87. 質問：イーサーの奇跡にちなんで名付けられた章はどの章ですか？
答え：

88.　質問：「ヤアジュージュ」「マアジュージュ」についての議論があるのはどの章ですか？

答え：

89.　質問：クルアーンの中で章の名前が出てこない章はいくつありますか？

答え：

90.　質問：クルアーンの母と呼ばれているのはどの章ですか？

答え：

91.　質問：クルアーンの玉座と呼ばれているのはどの章ですか？

答え：

92.　質問：クライシュ族にちなんで名付けられた章はどの章ですか？

答え：

93.　質問：サバ王（ビルキス事件）にちなんで名付けられた章はどの章ですか？

答え：

94.　質問：最初の使徒にちなんで名付けられた章はどの章ですか？

答え：

95.　質問：ルクマーン章は誰にちなんで命名された章ですか？

答え：

96.　質問：女性名がつけられている章はどの章ですか？

答え：

97. 質問：サード章はどのジュズの中にありますか？
答え：

98. 質問：ユースフ章はメッカとマディーナのどちらで明らかにされましたか？
答え：

99. 質問：ユーヌス章はどこで明らかにされましたか？
答え：

100. 質問：フード章にはいくつの節がありますか？
答え：

101. 質問：アッ・ティーンの章にはいくつの節がありますか？
答え：

102. 質問：ヤースィーン章にはいくつの節がありますか？
答え：

103. 質問：クルアーンには全部でいくつの節がありますか？
答え：

104. 質問：アル・カウサル章には全部でいくつの単語がありますか？
答え：

105. 質問：アル・イフラース章の中には全部でいくつの単語がありますか？

答え：

106. 質問：クルアーンの中で、アラビア文字が29文字しか含まれていない節はどの節ですか？
答え：

107. 質問：ムカッタアートの文字で始まるクルアーンの章はいくつありますか？
答え：

108. 質問：「アリフ・ラーム・ミーム」で始まる章はいくつありますか？
答え：

109. 質問：クルアーンの中で「ミーム」の文字が含まれてない章はどの章ですか？
答え：

110. 質問：クルアーンの中で「カーフ」の文字が含まれてない章はどの章ですか？
答え：

111. 質問：どの章のすべての節が「ハ」の文字でおわりますか？
答え：

112. 質問：クルアーンのどの章が「バ」の文字から始まりますか？
答え：

113. 質問：すべての節に「アッラー」という言葉が含まれている章は何ですか？

答え：

114. 質問：クルアーン（ムスハフ）の100番目の章は何ですか？
答え：

115. 質問：クルアーン（ムスハフ）の50章の名は何ですか？
答え：

116. 質問：クルアーン（ムスハフ）の20章の名は何ですか？
答え：

117. 質問：アッラーの美名「アル・ワドゥード」の意味は何ですか？　また、クルアーンでは何回言及されていますか？
答え：

118. 質問：アッラーの美名「アッサラーム」の意味は何ですか？
答え：

119. 質問：アッラーの美名「アル・ラヒーム」の意味は何ですか？
答え：

120. 質問：アッラーの美名「アル・ラフマーン」の意味は何ですか？
答え：

121. 質問：アッラーの美名「アル・ムウミン」の意味は何ですか？　また、クル

アーンでは何回言及されていますか？
答え：

122. 質問：アッラーの美名「アル・ジャッバー」の意味は何ですか？ また、クルアーンでは何回言及されていますか？
答え：

123. 質問：アッラーの美名「アル・ハーリク」の意味は何ですか？
答え：

124. 質問：アッラーの美名「アル・カビール」の意味は何ですか？
答え：

125. 質問：アッラーの美名「アル・ムハイミン」の意味は何ですか？ また、クルアーンでは何回言及されていますか？
答え：

126. 質問：アッラーの形容詞名「アル・ラッザーク」の意味は何ですか？ また、

クルアーンでは何回言及されていますか？

答え：

127. 質問：アッラーの美名「アル・バーリ」の意味は何ですか？ また、クルアーンでは何回言及されていますか？

答え：

128. 質問：「アーヒラ」の意味は何ですか？

答え：

129. 質問：「ジャンナ」天国の意味は何ですか？ また、クルアーンに何回登場しますか？

答え：

130. 質問：「ジャハンナム」の意味は何ですか？ また、クルアーンに何回登場しますか？

答え：

131. 質問：クルアーンでは「蚊」（または「蚊たち」）という単語は何回言及されていますか？

答え：

132. 質問：クルアーンでは「フドフド鳥」という単語は何回言及されていますか？

答え：

133. 質問：「カエル」という言葉はクルアーンに何回出てきますか？
答え：

134. 質問：「アル・ハッジ」という言葉はクルアーンに何回出てきますか？
答え：

135. 質問：クルアーンで話されているのはどの鉱物のことについてですか？
答え：

136. 質問：クルアーンのどの章節で「千またはアルフ」という数字が3回出てきますか？
答え：

137. 質問：「クルアーンの変更はありません。アッラー自身がこの保護の責任を負っています」クルアーンのどの章節でこのことを言及していますか？
答え：

138. 質問：クルアーンのどの章節で、姦淫の罰について議論されていますか？
答え：

139. 質問：クルアーンのどの章節で清めの義務について言っていますか？
答え：

140. 質問：クルアーンのどの章節で盗みの罰について言っていますか？

答え：

141. 質問：クルアーンのどの章節で誹謗中傷の罰について言っていますか？
答え：

142. 質問：クルアーンのどの章節で、信者の男性と女性は、目を伏せて歩くように求められていると言っていますか？
答え：

143. 質問：クルアーンのどの章節で、ミーラース（遺産分配）について議論しましたか？
答え：

144. 質問：クルアーンのどの章節で、結婚を禁じられている女性について言っていますか？
答え：

145. 質問：クルアーンのどの章節で、ザカートが分配される分野について議論しましたか？
答え：

146. 質問：クルアーンのどの章節で、断食に関する規則が言及されていますか？
答え：

147. 質問：クルアーンのどの章節で、乗り物に登るドウアが言及されていま

すか？

答え：

148. 質問：クルアーンのどの章節で、預言者ムハンマド（彼に平安あれ）へのドゥルードを読むよう命じられていますか？

答え：

149. 質問：クルアーンのどの章節で、フナインの戦いについて話していますか？

答え：

150. 質問：クルアーンのどの章節で、バドルの戦いについて議論していますか？

答え：

151. 質問：クルアーンのどの章節で、ナディール族との戦いについて話していますか？

答え：

152. 質問：クルアーンのどの章節で、ハンダクの戦いについて議論していますか？

答え：

153. 質問：クルアーンのどの章節で、タブーク戦争について話していますか？

答え：

154. 質問：クルアーンのどの章節で、預言者ムハンマド（彼に平安あれ）の移住について言及していますか？

答え：

155. 質問：クルアーンのどの章節で、「ハールート」と「マールート」2人の天使の事件について言及していますか？

答え：

156. 質問：クルアーンのどの章節で、カールーンの物語について言及していますか？

答え：

157. 質問：クルアーンのどの章節で、スライマーンとフドフド鳥の出来事について言及していますか？

答え：

158. 質問：クルアーンのどの章節で、キブラの変更について言及していますか？

答え：

159. 質問：クルアーンのどの章節で、預言者ムハンマド（彼に平安あれ）のアル・イスラーとワル・ミラージュについて言及していますか？

答え：

160. 質問：象の軍隊の事件について言及している章はどれですか？

答え：

161. 質問：クルアーンのどの章節で、ズルカルナインの出来事について言及していますか？

 答え：

162. 質問：クルアーンのどの章節で、「タールート」と「ジャールート」の事件について言及していますか？

 答え：

163. 質問：クルアーンのどの章節で、マスジッド・アル・アクサの事件について議論していますか？

 答え：

164. 質問：クルアーンのどの章節で、両親の部屋に入る前に許可を取るように指示されていますか？

 答え：

165. 質問：地球のバランスを保つために山を配置すると言っているのはクルアーンのどこですか？

 答え：

166. 質問：「ニサー」の意味は何ですか？

 答え：

167. 質問：「ヒンズィール」の意味は何ですか？

答え：

168. 質問：「ハディー」の意味は何ですか？
　　 答え：

169. 質問：「カウサル」の意味は何ですか？
　　 答え：

170. 質問：「アル・ファーティハ」の意味は何ですか？
　　 答え：

171. 質問：「アル・バカラ」の意味は何ですか？
　　 答え：

172. 質問：「アリ・イムラーン」の意味は何ですか？
　　 答え：

173. 質問：「アル・マーイダ」の意味は何ですか？
　　 答え：

174. 質問：「アル・アンアーム」の意味は何ですか？
　　 答え：

175. 質問：「アル・ラアド」の意味は何ですか？

答え：

176. 質問：「アル・ヒジュル」の意味は何ですか？
    答え：

177. 質問：「アン・ナフル」の意味は何ですか？
    答え：

178. 質問：「アル・イスラー」の意味は何ですか？
    答え：

179. 質問：「アル・カハフ」の意味は何ですか？
    答え：

180. 質問：「アル・アンビヤ」の意味は何ですか？
    答え：

181. 質問：「アル・ハッジ」の意味は何ですか？
    答え：

182. 質問：「アル・ムウミヌーン」の意味は何ですか？
    答え：

183. 質問：「アン・ヌール」の意味は何ですか？

答え：

184. 質問：「アル・フルカーン」の意味は何ですか？
    答え：

185. 質問：「アッシュアラー」の意味は何ですか？
    答え：

186. 質問：「アン・ナムル」の意味は何ですか？
    答え：

187. 質問：「アル・カサス」の意味は何ですか？
    答え：

188. 質問：「アル・アンカブート」の意味は何ですか？
    答え：

189. 質問：「アッルーム」の意味は何ですか？
    答え：

190. 質問：「アッザリヤート」の意味は何ですか？
    答え：

191. 質問：「アン・ナジュム」の意味は何ですか？
    答え：

192. 質問：「アル・カマル」の意味は何ですか？

答え：

193. 質問：「アル・ラフマーン」の意味は何ですか？
　　 答え：

194. 質問：「アル・ワーキア」の意味は何ですか？
　　 答え：

195. 質問：「アル・ハシュル」の意味は何ですか？
　　 答え：

196. 質問：「アル・ムムタハナ」の意味は何ですか？
　　 答え：

197. 質問：「アッサーフ」の意味は何ですか？
　　 答え：

198. 質問：「アル・ジュムア」の意味は何ですか？
　　 答え：

199. 質問：「アル・ムナフィクーン」の意味は何ですか？
　　 答え：

200. 質問：「アッタガーブン」の意味は何ですか？
　　 答え：

201. 質問：「アッタラーク」の意味は何ですか？

答え：

202. 質問：「アッタハリム」の意味は何ですか？
    答え：

203. 質問：「アル・ムルク」の意味は何ですか？
    答え：

204. 質問：「アル・カラム」の意味は何ですか？
    答え：

205. 質問：「アル・ハッカ」の意味は何ですか？
    答え：

206. 質問：「アル・マアーリジュ」の意味は何ですか？
    答え：

207. 質問：「アッ・シャムス」の意味は何ですか？
    答え：

208. 質問：「ライル」の意味は何ですか？
    答え：

209. 質問：「アッドゥハー」の意味は何ですか？
    答え：

210. 質問：「アッシャルフ」の意味は何ですか？

答え：

211. 質問：「アッ・ティーン」の意味は何ですか？
     答え：

212. 質問：「アル・アラク」の意味は何ですか？
     答え：

213. 質問：「アル・カダル」の意味は何ですか？
     答え：

214. 質問：「アル・バイイナ」の意味は何ですか？
     答え：

215. 質問：「アル・ザルザラ」の意味は何ですか？
     答え：

216. 質問：「アル・アーディーヤート」の意味は何ですか？
     答え：

217. 質問：「アル・カーリア」の意味は何ですか？
     答え：

218. 質問：「アル・タカースル」の意味は何ですか？
     答え：

219. 質問：「アル・アスル」の意味は何ですか？

答え：

220. 質問：「アル・フマザ」の意味は何ですか？
    答え：

221. 質問：「アル・フィール」の意味は何ですか？
    答え：

222. 質問：「アル・クライシュ」の意味は何ですか？
    答え：

223. 質問：「アル・マーウーン」の意味は何ですか？
    答え：

224. 質問：「アル・カウサル」の意味は何ですか？
    答え：

225. 質問：「アル・カーフィルーン」の意味は何ですか？
    答え：

226. 質問：「アル・アアラーフ」の意味は何ですか？
    答え：

227. 質問：「アル・アンファール」の意味は何ですか？
    答え：

228. 質問：「アッ・タウバ」の意味は何ですか？

答え：

229. 質問：「アッ・サジダ」の意味は何ですか？
答え：

230. 質問：「アル・アハザーブ」の意味は何ですか？
答え：

231. 質問：「ファーティル」の意味は何ですか？
答え：

232. 質問：「アッ・サーファート」の意味は何ですか？
答え：

233. 質問：「アッ・ズマル」の意味は何ですか？
答え：

234. 質問：「フッシラト」の意味は何ですか？
答え：

235. 質問：「アッ・シューラ」の意味は何ですか？
答え：

236. 質問：「アッ・ズフルフ」の意味は何ですか？
答え：

237. 質問：「アッドゥッカーン」の意味は何ですか？

答え：

238. 質問：「アル・ジャースィヤ」の意味は何ですか？
答え：

239. 質問：「アル・アハカーフ」の意味は何ですか？
答え：

240. 質問：「ムハンマド」の意味は何ですか？
答え：

241. 質問：「アル・ファトフ」の意味は何ですか？
答え：

242. 質問：「アル・フジュラート」の意味は何ですか？
答え：

243. 質問：「アル・ジン」の意味は何ですか？
答え：

244. 質問：「アル・ムッザンミル」の意味は何ですか？
答え：

245. 質問：「アル・ムッダッスィル」の意味は何ですか？
答え：

246. 質問：「アル・キヤーマ」の意味は何ですか？

答え：

247. 質問：「アル・インサーン」の意味は何ですか？
　　答え：

248. 質問：「アル・ムルサラート」の意味は何ですか？
　　答え：

249. 質問：「アン・ナバア」の意味は何ですか？
　　答え：

250. 質問：「アン・ナーズィアート」の意味は何ですか？
　　答え：

251. 質問：「アバサ」の意味は何ですか？
　　答え：

252. 質問：「アッ・タクウィール」の意味は何ですか？
　　答え：

253. 質問：「アル・インフィタール」の意味は何ですか？
　　答え：

254. 質問：「アル・ムタッフィフィーン」の意味は何ですか？
　　答え：

255. 質問：「アル・インシカーク」の意味は何ですか？

答え：

256. 質問：「アル・ブルージュ」の意味は何ですか？
　　 答え：

257. 質問：「アッ・ターリク」の意味は何ですか？
　　 答え：

258. 質問：「アル・アアラー」の意味は何ですか？
　　 答え：

259. 質問：「アル・ガーシヤ」の意味は何ですか？
　　 答え：

260. 質問：「アル・ファジュル」の意味は何ですか？
　　 答え：

261. 質問：「アル・バラド」の意味は何ですか？
　　 答え：

262. 質問：「アン・ナスル」の意味は何ですか？
　　 答え：

263. 質問：「アル・マサド」の意味は何ですか？
　　 答え：

264. 質問：「アル・イクラース」の意味は何ですか？

答え：

265. 質問：「アル・ファラク」の意味は何ですか？
答え：

266. 質問：「アン・ナース」の意味は何ですか？
答え：

267. 質問：初代ムファッシルと呼ばれるのは誰ですか？
答え：

268. 質問：アッラーは誰をムッダッシルと呼んでいますか？
答え：

269. 質問：最初にマッカでクルアーンを大きい声に出して唱えたサハービは誰ですか？
答え：

270. 質問：ウマルがイスラームを受け入れた理由は、クルアーンのどの章ですか？
答え：

271. 質問：ムスリム国家の父は誰ですか？
答え：

272. 質問：アッラーはどのような形に世界を創造しましたか？

答え：

273. 質問：アッラーはどのような形に空を創造しましたか？
　　　答え：

274. 質問：クルアーンのどの章節でアッラーはクルアーンを「ハブリッラー」と呼ばれたか？
　　　答え：

275. 質問：マルヤムが振った木は何ですか？
　　　答え：

276. 質問：クルアーンで「シッディーカまたは正直者」と言及している唯一の女性は誰ですか？
　　　答え：

277. 質問：ルクマーンはルクマーン章（31章）で息子にいくつのアドバイスをしましたか？
　　　答え：

Al Quran

1. **Question**: What is the meaning of Quran?
   Answer:

2. **Question:** How many Surahs are there in the Holy Quran?
   Answer:

3. **Question:** How many Juz are there in the Quran?
   Answer:

4. **Question:** How many Manzil (Portion) are in the Qur'an?
   Answer:

5. **Question:** How many numbers are there in Makki Surah?
   Answer:

6. **Question:** How many numbers are there in Madani Surah?
   Answer:

7. **Question:** On which night was the hole Quran revealed?
   Answer:

8. **Question:** When was the Quran revealed?
   Answer:

9. **Question:** Who brought the message of the Quran to the Prophet Muhammad (PBUH)?
   Answer:

10. **Question:** What was the name of that Sahabi in whose disguise angel Jebra'il brought revelation to prophet Muhammad (PBUH)?
    Answer:

11. **Question:** Which method of revelation was painful for the Prophet (PBUH)?
    Answer:

12. **Question:** What is the reason of Al-Quran to be revealed on Arabic language?
    Answer:

13. **Question:** What kind of revelation is the Quran?
    Answer:

14. **Question:** What is the source of Al-Quran?
    Answer:

15. **Question:** What is the main tafseer of Al-Quran?
    Answer:

16. **Question:** How many years did it take for the Holy Quran to be revealed?
    Answer:

17. **Question:** Which verse of the Holy Quran was revealed first?
    Answer:

18. **Question:** Which verse of the Holy Quran was revealed last?
    Answer:

19. **Question:** Which Surah was the first to be revealed in entire verses?
    Answer:

20. **Question:** What is the name of the first Surah of the Holy Quran?
    Answer:

21. **Question:** What is the name of the largest Surah of the Holy Quran?
    Answer:

22. **Question:** What is the name of the smallest Surah of the Holy Quran?
    Answer:

23. **Question:** Which is the last Surah of Quran?
    Answer:

24. **Question:** Which Sura has the longest verse in the Holy Quran?
    Answer:

25. **Question:** Which is the most virtuous verse in the Holy Quran?
    Answer:

26. **Question:** Which verse is if you recite after the obligatory prayer, there is no obstacle to go to heaven except death?
    Answer:

27. **Question:** Which Surah of the Holy Quran will protect us from the punishment of the grave?
    Answer:

28. **Question:** Which Surah of the Holy Quran should be read especially on Friday (The day of Salatul-Jumu'ah) is Mustahab?
    Answer:

29. **Question:** Of which Surahs first ten verses of the Holy Quran will protect the reciter from Dajjal's fitnah?
    Answer:

30. **Question:** Which 2 Surahs of the Holy Quran are Sunnah to recite on Fajr prayer on Friday?
    Answer:

31. **Question:** Which 2 Surahs of the Holy Quran are Sunnah to recite in Friday prayer (Salatul-Jumu'ah)?
    Answer:

32. **Question:** Reciting the last two verse of which Surah at night is sufficient for man?
    Answer:

33. **Question:** Love for which Surah of the Holy Quran will take people to Jannah(paradise)?
    Answer:

34. **Question:** When did the revelation of Quran end?
    Answer:

35. **Question:** How many prostrations (sajdah) does the holy Quran contain and in which surah? Mention them.
    Answer:

36. **Question:** In which Surah of the Quran is the first prostration is found?
    Answer:

37. **Question:** How many prostrations (sajdah) are there in the surahs of Medinan?
    Answer:

38. **Question:** Which Surah has two prostrations?
    Answer:

39. **Question:** How many verses and bows are there in Surah Al-Baqarah?
    Answer:

40. Question: What is the meaning of Makki and Madani Surah?
  Answer:

41. Question: What are the basic features of Makki Surah?
  Answer:

42. Question: What are the basic features and identity of Madani Surah?
  Answer:

43. Question: What is the meaning of Tafsir?
  Answer:

44. Question: Which type of tafseer is called the best tafseer of Quran?
  Answer:

45. Question: How many types of verses in the Quran in terms of not being interpreted?
  Answer:

46. Question: What type of verse is called Muhkam?
  Answer:

47. **Question:** What type of verse is called Mutashabih?
    Answer:

48. **Question:** What is the purpose of staying mutashabih in Quran?
    Answer:

49. **Question:** What beliefs should believers have about Mutashabih?
    Answer:

50. **Question:** Give some examples of Mutashabih?
    Answer:

51. **Question:** What is the meaning of Shan-E-Nuzul?
    Answer:

52. **Question:** What was the original Quran like?
    Answer:

53. **Question:** Who is called Jamiyul Quran?
    Answer:

54. **Question:** Due to which incident is the necessity of compiling of the Quran strongly felt?
    Answer:

55. Question: How was the Holy Quran preserved in first era?
Answer:

56. Question: What do they call those who memorized the Quran?
Answer:

57. Question: Who were the author of the revelation of Prophet Muhammad (PBUH)?
Answer:

58. Question: Who was the oldest revelation writer in the era of Rasulullah (PBUH)?
Answer:

59. Question: How many times was Hazrat Zayed Bin Sabit (RA) assigned to compile the Quran?
Answer:

60. Question: Who advised Abu Bakr (RA) to compile the Quran?
Answer:

61. Question: How many members did Usman (RA) formed the Quran compilation board?
Answer:

62. Question: During the caliphate of Abu Bakr (RA), how many years did the work of compiling Quran go on?
Answer:

63. Question: In which era, under whose instructions, the letter of the Holy Quran was punctuated?
Answer:

64. Question: Who did the punctuation of the Holy Quran?
Answer:

65. Question: Who added Harkat { Zabar (fatha), Zer (kasra), or Pesh (damma)} in Quran?
Answer:

66. Question: Who first named the Quran Mashaf?
Answer:

67. Question: Who is meant by 'Magdubi Alaihim' and who is meant by 'Da-llin' in Surah Fatiha?
Answer:

68. Question: In which Surahs does the discussion of hypocrites come more?
Answer:

69. Question: The night Allah revealed the full Quran, how many qualities did that night have and what are they?
Answer:

70. Question: In which two Surahs Allah swore by the name of sky?
Answer:

71. Question: In which Surah Allah swore by the name of plant?
Answer:

72. Question: How many names of Paradise/Jannah are mentioned in the Holy Quran?
Answer:

73. **Question:** What is the name of Hells /Jahannam that are mentioned in Quran?
    Answer:

74. **Question:** What are the names of the six persons / people mentioned in the Quran, who are all sons of prophet?
    Answer:

75. **Question:** How many places in the Holy Quran the name of Muhammad (PBUH) is mentioned?
    Answer:

76. **Question:** How many Prophets name have been mentioned in the Holy Quran?
    Answer:

77. **Question:** Which Surah of the Quran contains the verse of mubahala?
    Answer:

78. **Question:** About which Surah Imam Shafi said, "Even if other surah was not revealed to mankind, it was sufficient"?
    Answer:

79. Question: How many Surahs of the Quran starts with question and what are they?
   Answer:

80. Question: Which Surah of the Holy Quran is equal to one third of the Quran?
   Answer:

81. Question: Which Surah is equivalent to a quarter of the Holy Quran?
   Answer:

82. Question: Which Surahs of the Quran begin with "Alhamdulliah"?
   Answer:

83. Question: How many times are there in the Holy Quran 'Bismillahir Rahmanir Rahim'?
   Answer:

84. Question: Which Surah of the Quran contains 'Bismillahir Rahmanir Rahim' twice?
   Answer:

85. Question: Which Surah of the Quran doesn't have 'bismillah' at the beginning?
   Answer:

86. Question: Which Surahs are ended by dua?
   Answer:

87. Question: Which Surah is named after the miracle of Isa (AS)?
   Answer:

88. Question: Which Surah is discussed about Yajuz-Majuz?
Answer:

89. Question: How many Surahs in the Quran don't have their own name?
Answer:

90. Question: Which Surah is called the mother of the Quran?
Answer:

91. Question: Which Surah is called the throne of the Quran?
Answer:

92. Question: Which Surah is named after the tribe of Quraish?
Answer:

93. Question: Which Surah is named after Rani Saba (The incident of Rani Bilquis)?
Answer:

94. Question: Which Surah is named after the first Messenger?
Answer:

95. Question: Surah Luqman is named after by whom?
Answer:

96. Question: A Surah is named in the name of which woman?
Answer:

97. Question: In which Para is Surah Saad located?
Answer:

98. Question: Surah Yusuf Meccan or Medinan?
Answer:

99. Question: Where was Surah Yunus revealed?
Answer:

100. Question: How many verses are there in Surah Hud?
Answer:

101. Question: How many verses are there in Surah At-Tin?
Answer:

102. Question: How many verses are there in Surah Yasin?
Answer:

103. Question: How many verses are there in the Holy Quran?
Answer:

104. Question: How many words are there in Surah Al Kausar/Kawthar?
Answer:

105. Question: How many words are there in Surah Al-Ikhlas?
Answer:

106. Question: Which verse of the Holy Quran contains only 29 Arabic letters?
Answer:

107. Question: How many Surahs in the Quran begin with the letter of Muqatta'at?
Answer:

108. Question: How many Surahs are started by Alif-Lam-Mim?
Answer:

109. Question: Which Surah of the Holy Quran doesn't contain the letter 'MIM'?
Answer:

110. **Question:** Which Surah of the Holy Quran doesn't contain the letter 'Kaf'?
Answer:

111. **Question:** Every verse of which Surah ends with the letter ha?
Answer:

112. **Question:** Which surah starts with the letter "ba"?
Answer:

113. **Question:** Which Surah of the Quran has the word "Allah" in every verse?
Answer:

114. **Question:** What is the 100th Surah of the Quran in terms of continuity?
Answer:

115. **Question:** What is the name of the 50th Surah in terms of continuity?
Answer:

116. **Question:** What is the name of the 20th Surah in terms of continuity?
Answer:

117. **Question:** What is the meaning of Allah's attribute name "Al-Wadud" and how many times mentioned in the Quran?
Answer:

118. **Question:** What is the meaning of Allah's attribute name "As-Salam"?
Answer:

119. **Question:** What is the meaning of Allah's attribute name "Ar-Rahim"?
Answer:

120. **Question:** What is the meaning of Allah's as a qualitative name or descriptive name "Ar-Rahman"?
Answer:

121. **Question:** What is the meaning of Allah's as a qualitative name or descriptive name "Al-Mumin" and how many times mentioned in the Quran?
Answer:

122. **Question:** What is the meaning of Allah's as a qualitative name or descriptive name "Al-Jabbar" and how many times mentioned in the Quran?
Answer:

123. **Question:** What is the meaning of Allah's as a qualitative name or descriptive name "Al-Khaaliq"?
Answer:

124. **Question:** What is the meaning of Allah's as a qualitative name or descriptive name "Al-Kabir"?
Answer:

125. **Question:** What is the meaning of Allah's as a qualitative name or descriptive name "Al-Muhaimin" and how many times mentioned in the Quran?
Answer:

126. **Question:** What is the meaning of Allah's as a qualitative name or descriptive name "Ar-Razzaaq" and how many times mentioned in the Quran?
Answer:

127. **Question:** What is the meaning of Allah's as a qualitative name or descriptive name "Al-Baari" and how many times mentioned in the Quran?
Answer:

128. **Question:** What is the meaning of "Akhirah"?
Answer:

129. **Question:** What is the meaning of "Jannah" and how many times does this word appear in the Holy Quran?
Answer:

130. **Question:** What is the meaning of "Jahannam" and how many times does this word appear in the Holy Quran?
Answer:

131. **Question:** How many times is the word "Mosquito" (or "mosquitos") mentioned in the Quran?
Answer:

132. **Question:** How many times is the word "Hud-Hud bird" mentioned in the Quran?
Answer:

133. **Question:** How many times is the word "Frog" mentioned in the Quran?
Answer:

134. **Question:** How many times is the word "Al-Hajj" mentioned in the Quran?
Answer:

135. **Question:** Which minerals name is mentioned more in the Quran?
Answer:

136. **Question:** In which surah of the Quran is the number "One thousand (Alf) 3 times mentioned?
Answer:

137. **Question:** There will be no change of Quran. Allah Himself has taken the responsibility of its protection. Which verse of the which Surah has mentioned this?
Answer:

138. **Question:** In which verse of the Quran there is a discussion of the punishment of adultery?
Answer:

139. **Question:** In which Surah of which verse of the Quran has mentioned the duty of ablution?
Answer:

140. **Question:** In which Surah of which verse of the Quran has mentioned the punishment of theif?
Answer:

141. **Question:** In which Surah of which verse of the Quran has mentioned the provision of punishment of slander?
    Answer:

142. **Question:** In which Surah of which verse of the Quran has told about the men and women walking keeping eyes downcast?
    Answer:

143. **Question:** In which Surah of which verses of the Quran discuss about the Miras (distribution of inheritance)?
    Answer:

144. **Question:** In which Surah of which verse of the Quran has informed about the women who are forbidden to marry?
    Answer:

145. **Question:** In which Surah of which verse of the Quran discusses about the sectors of zakat distribution?
    Answer:

146. **Question:** In which Surah of which verse of the Quran has mentioned the rules related to fasting (Siyam)?
    Answer:

147. **Question:** In which Surah of which verse of the Quran has mentioned the dua of riding vehicles?
    Answer:

148. **Question:** In which Surah of which verse of the Quran orders to read durood on the prophet (PBUH)?
    Answer:

149. **Question:** In which Surah of which verses of the Quran discuss about Hunayan War?
    Answer:

150. **Question:** In which Surah of which verses of the Quran discuss about Badar War?
Answer:

151. **Question:** In which Surah of which verses of the Quran discuss about Banu Nadir battle?
Answer:

152. **Question:** In which Surah of which verses of the Quran discuss about the battle of Khandaq?
Answer:

153. **Question:** In which Surah of which verses of the Quran discuss about the battle of Tabuq?
Answer:

154. **Question:** In which Surah of which verse has mentioned the migration of Prophet Muhammad (PBUH)?
Answer:

155. **Question:** Which verse of the which Surah has mentioned the incidents of Harut and Marut (2 angels)?
Answer:

156. **Question:** Which verses of the which Surah have mentioned the Qarun's story?
Answer:

157. **Question:** Which verses of the which Surah have mentioned the incidents of hud-hud bird with Sulaiman(AS)?
Answer:

158. **Question:** Which verses of the which Surah have mentioned the change of Qibla?
Answer:

159. Question: In which Surah of which verses have mentioned the incidents of Al-Isra Wal-Mi'raj of Prophet Muhammad (PBUH)?
Answer:

160. Question: Which Surah has mentioned the incidents of the army of elephants?
Answer:

161. Question: Which verses of the which Surah have mentioned the incidents of king Dhulqer Nain?
Answer:

162. Question: Which verses of the which Surah have mentioned the incidents of Talut and Jalut?
Answer:

163. Question: Which verse of the which Surah has mentioned the incidents of Mashjid Al-Aqsa?
Answer:

164. Question: Which verses of the which Surah have instructed to take permission to enter the room of parents?
Answer:

165. Question: Where is said in Quran to place mountains to protect the balance of the earth?
Answer:

166. Question: What is the meaning of "Nisa"?
Answer:

167. Question: What is the meaning of "Khinzir"?
Answer:

168. Question: What is the meaning of "Hady"?
Answer:

169. **Question:** What is Kausar/Kawthar?
Answer:

170. **Question:** What is the meaning of surah Al-Faatiha?
Answer:

171. **Question:** What is the meaning of surah Al-Baqarah?
Answer:

172. **Question:** What is the meaning of Surah Al-Imran?
Answer:

173. **Question:** What is the meaning of Surah Al-Mayida?
Answer:

174. **Question:** What is the meaning of Surah Al-An'aam?
Answer:

175. **Question:** What is the meaning of Surah Ar-Ra'd?
Answer:

176. **Question:** What is the meaning of Surah Al-Hijr?
Answer:

177. **Question:** What is the meaning of Surah An-Nahl?
Answer:

178. **Question:** What is the meaning of Surah Al-Israa (Bani Israeal)?
Answer:

179. **Question:** What is the meaning of Surah Al-Kahf?
Answer:

180. **Question:** What is the meaning of Surah Al-Anbiyaa?
Answer:

181. **Question:** What is the meaning of Surah Al-Hajj?
Answer:

182. **Question:** What is the meaning of Surah Al-Mu'minun?
Answer:

183. **Question:** What is the meaning of Surah An-Nur?
Answer:

184. **Question:** What is the meaning of Surah Al-Furqaan?
Answer:

185. **Question:** What is the meaning of Surah Ash-Shu'ara?
Answer:

186. **Question:** What is the meaning of Surah An-Naml?
Answer:

187. **Question:** What is the meaning of Surah Al-Qasas?
Answer:

188. **Question:** What is the meaning of Surah Al-'Ankabut?
Answer:

189. **Question:** What is the meaning of Surah Ar-Rum?
Answer:

190. **Question:** What is the meaning of Surah Az-Zariyat?
Answer:

191. **Question:** What is the meaning of Surah An-Najm?
Answer:

192. **Question:** What is the meaning of Surah Al-Qamar?
Answer:

193. **Question:** What is the meaning of Surah Ar-Rahman?
    Answer:

194. **Question:** What is the meaning of Surah Al-Waqiah?
    Answer:

195. **Question:** What is the meaning of Surah Al-Hashr?
    Answer:

196. **Question:** What is the meaning of Surah Al-Mumtahana?
    Answer:

197. **Question:** What is the meaning of Surah As-Saff?
    Answer:

198. **Question:** What is the meaning of Surah Al-Jumu'ah?
    Answer:

199. **Question:** What is the meaning of Surah Al-Munafiqun?
    Answer:

200. **Question:** What is the meaning of Surah At-Taghabun?
    Answer:

201. **Question:** What is the meaning of Surah At-Talaq?
    Answer:

202. **Question:** What is the meaning of Surah At-Tahrim?
    Answer:

203. **Question:** What is the meaning of Surah Al-Mulk?
    Answer:

204. **Question:** What is the meaning of Surah Al-Qalam?
    Answer:

205. **Question:** What is the meaning of Surah Al-Haqqah?
Answer:

206. **Question:** What is the meaning of Surah Al-Ma'arij?
Answer:

207. **Question:** What is the meaning of Surah Ash-Shams?
Answer:

208. **Question:** What is the meaning of Surah Al-Lail?
Answer:

209. **Question:** What is the meaning of Surah Ad-Duhaa?
Answer:

210. **Question:** What is the meaning of Surah Ash-Sharh/ Al-Inshirah?
Answer:

211. **Question:** What is the meaning of Surah At-Tin?
Answer:

212. **Question:** What is the meaning of Surah Al-'Alaq?
Answer:

213. **Question:** What is the meaning of Surah Al-Qadr?
Answer:

214. **Question:** What is the meaning of Surah Al-Bayyinah?
Answer:

215. **Question:** What is the meaning of Surah Al-Zalzalah/ Az-Zilzilah?
Answer:

216. **Question:** What is the meaning of Surah Al-Adiyat?
Answer:

217. **Question:** What is the meaning of Surah Al-Qariah?
Answer:

218. **Question:** What is the meaning of Surah At-Takathur/Takasur?
Answer:

219. **Question:** What is the meaning of Surah Al-'Asr?
Answer:

220. **Question:** What is the meaning of Surah Al-Humazah?
Answer:

221. **Question:** What is the meaning of Surah Al-Fil?
Answer:

222. **Question:** What is the meaning of Surah Quraish?
Answer:

223. **Question:** What is the meaning of Surah Al-Ma'un?
Answer:

224. **Question:** What is the meaning of Surah Al-Kawthar/Kausar?
Answer:

225. **Question:** What is the meaning of Surah Al-Kafirun?
Answer:

226. **Question:** What is the meaning of Surah Al-A'raf?
Answer:

227. **Question:** What is the meaning of Surah Al-Anfal?
Answer:

228. **Question:** What is the meaning of Surah At-Tawba?
Answer:

229. **Question:** What is the meaning of Surah As-Sajdah?
    Answer:

230. **Question:** What is the meaning of Surah Al-Ahzab?
    Answer:

231. **Question:** What is the meaning of Surah Fatir?
    Answer:

232. **Question:** What is the meaning of Surah As-Saffat?
    Answer:

233. **Question:** What is the meaning of Surah Az-Zumar?
    Answer:

234. **Question:** What is the meaning of Surah Fussilat/Ha-Mim?
    Answer:

235. **Question:** What is the meaning of Surah Ash-Shura?
    Answer:

236. **Question:** What is the meaning of Surah Az-Zukhruf?
    Answer:

237. **Question:** What is the meaning of Surah Ad-Dukhan?
    Answer:

238. **Question:** What is the meaning of Surah Al-Jathiyah/Jasiyah?
    Answer:

239. **Question:** What is the meaning of Surah Al-Ahqaf?
    Answer:

240. **Question:** What is the meaning of Surah Muhammad?
    Answer:

241. **Question:** What is the meaning of Surah Al-Fath?
    Answer:

242. **Question:** What is the meaning of Surah Al-Hujurat?
    Answer:

243. **Question:** What is the meaning of Surah Al-Jinn?
    Answer:

244. **Question:** What is the meaning of Surah Al-Muzzammil?
    Answer:

245. **Question:** What is the meaning of Surah Al-Muddaththir/Mudassir?
    Answer:

246. **Question:** What is the meaning of Surah Al-Qiyamah?
    Answer:

247. **Question:** What is the meaning of Surah Al-Insan/Ad-Dahr?
    Answer:

248. **Question:** What is the meaning of Surah Al-Mursalat?
    Answer:

249. **Question:** What is the meaning of Surah An-Naba?
    Answer:

250. **Question:** What is the meaning of Surah An-Nazi'at?
    Answer:

251. **Question:** What is the meaning of Surah Abasa?
    Answer:

252. **Question:** What is the meaning of Surah At-Takwir?
    Answer:

253. **Question:** What is the meaning of Surah Al-Infitar?
    Answer:

254. **Question:** What is the meaning of Surah Al-Mutaffifin?
    Answer:

255. **Question:** What is the meaning of Surah Al-Inshiqaaq?
    Answer:

256. **Question:** What is the meaning of Surah Al-Buruj?
    Answer:

257. **Question:** What is the meaning of Surah At-Tariq?
    Answer:

258. **Question:** What is the meaning of Surah Al-A'la?
    Answer:

259. **Question:** What is the meaning of Surah Al-Ghashiyah?
    Answer:

260. **Question:** What is the meaning of Surah Al-Fajr?
    Answer:

261. **Question:** What is the meaning of Surah Al-Balad?
    Answer:

262. **Question:** What is the meaning of Surah An-Nasr?
    Answer:

263. **Question:** What is the meaning of Surah Al-Masad/Lahab?
    Answer:

264. **Question:** What is the meaning of Surah Al-Ikhlas?
    Answer:

265. **Question:** What is the meaning of Surah Al-Falaq?
Answer:

266. **Question:** What is the meaning of Surah An-Nas?
Answer:

267. **Question:** Who is called the first mufassir?
Answer:

268. **Question:** Whom does Allah mean by Mudassir?
Answer:

269. **Question:** Which Sahabi was the first to recite Quran aloud in Makka?
Answer:

270. **Question:** Which Surah of the Quran was the reason of Umar's acceptance of Islam?
Answer:

271. **Question:** Who is the father of Muslim nation?
Answer:

272. **Question:** In what form does Allah create the world?
Answer:

273. **Question:** In what form does Allah create the sky?
Answer:

274. **Question:** In which Surah of which verse Allah called the Quran "Hablillah"?
Answer:

275. **Question:** Which tree did Mariyam Shake?
Answer:

276. **Question:** Which woman is the only one, mentioned in Quran as "Siddiqa or truthful"?
Answer:

277. **Question:** How many advice Hazrat Luqman (AS) gave his son in Surah Luqman?
Answer:

（答え合わせ）アル・クルアーン

1. 質問：「クルアーン」とはどういう意味ですか？

   答え：「アル・クルアーン」は、カラアQarw (القرء) からきています。クアルには「読む」と「組み合わせる」の２つの意味があり、前者では『暗唱されるもの』『読まれるもの』、後者では『集められたところ』または『組合せ』を意味します。なぜなら、アル・クルアーンは、これまでのすべての知識をまとめたものだからです。

2. 質問：クルアーンは全部で何章ありますか？

   答え：114章

3. 質問：クルアーンにはジュズがいくつありますか？

   答え：30

4. 質問：クルアーンにはマンジル（部分）がいくつありますか？

   答え：7つ

5. 質問：マッカの章はいくつありますか？

   答え：86章

6. 質問：マディーナの章はいくつありますか？

   答え：28章

7. 質問：クルアーンが啓示されたのは何の夜ですか？

   答え：ライラトル・カダルの夜

8. 質問：クルアーンが啓示されたのはいつですか？

   答え：クルアーンは西暦610年にラマダン月のライラトル・カダルで初めて明らかにされました。

9. 質問：クルアーンのメッセージを預言者ムハンマド（彼に平安あれ）に伝えたのは誰ですか？

   答え：ジブリール（天使）

10. 質問：預言者ムハンマド（彼に平安あれ）に啓示をもたらしたとき天使ジブリールが変身していたサハーバ（預言者の教友）の名前は何ですか？

    答え：ディヒヤ・アル・カルビー

11. 質問：啓示を受けたとき預言者ムハンマド（彼に平安あれ）はどのような苦痛を感じましたか？

    答え：鐘を鳴らすように啓示が訪れるとき

12. 質問：クルアーンがアラビア語なのはどうしてですか？

答え：預言者ムハンマド（彼に平安あれ）の言語がアラビア語だから。

13. 質問：クルアーンはどのような啓示ですか？

答え：祈りの中で唱える啓示を意味します。

14. 質問：クルアーンの出典はどこですか？

答え：アッラーの啓示です。クルアーンの各節は、メッカとメディナのさまざまな場所で、アッラーから天使ジブリールを通じて預言者ムハンマド（彼に平安あれ）に直接明らかにされました。イスラー法学の最初で最も重要な啓示がクルアーンです。クルアーンの中でアッラーは、社会を形成するのに充分な道徳的、哲学的、社会的政治的、経済的な指針を与えています。

15. 質問：クルアーンの主な解釈書は何ですか？

答え：クルアーン

16. 質問：クルアーンが全て啓示されるまでに何年かかりましたか？

答え：23 年

17. 質問：最初に啓示されたクルアーンの節はどこですか？

答え：章・アル・アラクの最初の５節

18. 質問：最後に啓示されたクルアーンの節はどこですか？

答え：アッラーは章・アル・バカラの 281 節。こう言われました。

وَاتَّقُوا يَوْمًا تُرْجَعُونَ فِيهِ إِلَى اللَّهِ ثُمَّ تُوَفَّى كُلُّ نَفْسٍ مَا كَسَبَتْ وَهُمْ لَا يُظْلَمُونَ

イブン・アビー・ハーティムはサイード・ビン・ズバイル (RA) から、この節が啓示されてから 9日間、預言者 ムハンマド（彼に平安あれ）は生きていたと語っています（アル・イトュカン・フィ・ウルミル・アル・クルアーン）。

19. 質問：クルアーンのどの章が最初に完全に明らかにされましたか？

答え：アル・ファーティハ章 (1)

20. 質問：クルアーンの最初の章はどの章ですか？

答え：アル・ファーティハ章

21. 質問：クルアーン最大の章はどの章ですか？

答え：アル・バカラ章 (2)

22. 質問：クルアーン最小の章はどの章ですか？

答え：・アル・カウサル章 (108)

23. 質問：クルアーンの最後の章はどの章ですか？

答え：アン・ナスル章 (110)

24. 質問：クルアーンで最も長い節があるのはどの章ですか？
答え：アル・バカラ章（2）
25. 質問：クルアーンで最も高貴な節はどれですか？
答え：アーヤトゥル・クルスィー（章・アル・バカラの 255 節）
26. 質問：義務の礼拝の後に唱えれば、死以外に天国に行くのに障害がないというのはどの節ですか？
答え：アーヤトゥル・クルスィー
27. 質問：クルアーンのどの章が私たちを墓の罰から救ってくれますか？
答え：アル・ムルク章（67）
28. 質問：特に金曜日（サラートルジュムアの日）に唱えることが推奨されているクルアーンの章は何ですか？
答え：アル・カハフ章（18）
29. 質問：クルアーンのどの章が暗唱者をダッジャールのフィトナから守ってくれますか？
答え：アル・カハフ章の最初の 10 節
30. 質問：金曜日のファジャル礼拝で唱えることが推奨されているクルアーンの２つの章はどれとどれですか？
答え：アッ・サジダ章（32）と・アル・インサーン章（76）
31. 質問：サラートルジュムア（金曜礼拝）で唱えることが推奨されているクルアーンの２つの章はどれとどれですか？
答え：アル・アアラー章（87）とアル・ガーシア章（88）
32. 質問：夜はどの章の最後の２節を暗唱すれば十分ですか？
答え：アル・バカラ章の最後の２節（285 と 286）
33. 質問：クルアーンのどの章を愛することが人びとを楽園へ導きますか？
答え：アル・イクラース章（112）
34. 質問：クルアーンの啓示はいつ終わりましたか？
答え：ヒジュラ暦 10年のサファル月
35. 質問：クルアーンにはいくつのサジダがあり、それはどの章に含まれていますか？
答え：14 サジダあります。

① アル・アアラーフ章（７章 206 節）
② アル・ラアド章（13 章 159 節）
③ アン・ナフル章（16 章 49 節）

④ アル・イ章（17 章 107 節）
⑤ マルヤム章（19 章 58 節）
⑥ アル・ハッジ章（22 章 18 節）
⑦ アル・フルカン章（25 章 60 節）
⑧ アン・ナムル章（27 章 25 節）
⑨ ツ・サジダ章（32 章 15 節）
⑩ サード章（38 章 24 節）
⑪ フシラト章（41 章 37 節）
⑫ アン・ナジュム章（53 章 62 節）
⑬ アル・インシカーク章（84 章 21 節）
⑭ アル・アラク章（46 章 19 節）

36. 質問：クルアーンのどの章で最初のサジダが見られますか？
答え：アル・アアラーフ章（7）

37. 質問：マディーナ啓示の章にはいくつのサジダがありますか？
答え：３つ
アル・ハッジ章に２つ、アル・ラード章に１つあります。

38. 質問：クルアーンのどの章に２つのサジダがありますか？
答え：アル・ハッジ章（22章 18節と 77 節）

39. 質問：アル・バカラ章にはいくつの節がありますか？
答え：286節

40. 質問：メッカ啓示の章とマディーナ啓示の章はそれぞれどういうものですか？
答え：メッカ啓示：マディーナへの移住前に明らかになった章
マディーナ啓示：マディーナへの移住後に明らかになった章

41. 質問：メッカ啓示の章の特徴は何ですか？
答え：メッカ啓示の章の特徴は：
① 一神教としてアッラーへの崇拝を呼びかけます。楽園と地獄について論じ、多神を崇拝しません。
② 多神教徒による殺人と破壊、孤児の富を奪っていることを非難しています。
③ 短い文章ですが、文学的な豊かさがあります。
④ 預言者ムハンマド（彼に平安あれ）を慰め諭すために、預言者たちの物語によって彼らがいかにして人々から嘘つき呼ばわりされ

て苦しめられたかを詳細に語っています。

42. 質問：マディーナ啓示の章の特徴は何ですか？
    答え：マディーナの章の特徴は：
    ① 礼拝、儀式、刑法、ジハード、平和、戦争、家族法、統治などに関して議論します。
    ② ユダヤ教徒とキリスト教徒の人びとにイスラームへの改宗を呼びかけます。
    ③ 偽善者たちの二面的な正体を暴き、彼らがイスラームにとってどれほど酷いかを論じます。
    ④ 憲法制定の手続きとその目的・目標を決定するための長い言葉の啓示がありました。
    ⑤ 「يَا أَيُّهَا الَّذِينَ آمَنُوا」で始まるスーラ

43. 質問：「タフスィール」とはどういう意味ですか？
    答え：わかりやすく説明する

44. 質問：クルアーンで最高のタフスィールと呼ばれているタフスィールは何ですか？
    答え：クルアーンの各一節を説明するもの

45. 質問：解釈されていないクルアーンの節は何種類ありますか？
    答え：2種類

    ① ムフカマート
    ② ムタシャービハート

46. 質問：ムフカマートとはどんな節ですか？
    答え：明瞭に知ることが可能な節

47. 質問：ムタシャービハートとはどんな節ですか？
    答え：明瞭に知ることが不可能な節

48. 質問：どうしてクルアーンにムタシャービハートがあるのでしょうか？
    答え：これはアッラーから非信者への挑戦です。これらの文字はアラビア語ですが、誰にも意味がわかりません。

49. 質問：信者はムタシャービハートについてどのような信念を持つべきですか？
    答え：信者は、これらすべてがアッラーからのものであると信じるべきです。そして、アッラーはその意味をよく知っています。

50. 質問：ムタシャービハートの例をあげてください。

答え：ハー・ミーム

時々、次のように３つの文字が言及されました：

アリフ・ラーム・ミーム（2：1）、そして、４つの文字としては、

アリフ・ラーム・ミーム・ラー（13：1）や

アリフ・ラーム・ミーム・サード 。(7：1)

また、５つの文字として、

カーフ・ハー・ヤー・アイン・サード 、(19：1) そして、

ハー・ミーム - アイン・シーン・カーフ 。(42：1-2)

これは、通常、言語で使われる言葉が１文字、２文字、３文字、４文字、または５文字で構成されるからです。

51. 質問：ヌズルとはどういう意味ですか？

答え：クルアーンの啓示の状況という意味です。

52. 質問：元のクルアーンはどのようなものでしたか？

答え：元のクルアーンには、文字の上または下に句読点（ヌクタ）がありませんでした。

アラブ人以外の人も読みやすくするために、ファタハ、カスラ、ダンマなどのハラカが導入されました。

53. 質問：ジャミウル・クルアーンとは誰ですか？

答え：ウスマーン・ビン・アッファーン

54. 質問：どんな出来事がきっかけでクルアーンを編纂する必要性が出てきましたか？

答え：クルアーンの 70 人のハーフィズがヤーママの戦いで殉教したから。

55. 質問：初期の頃、クルアーンはどのように保存されましたか？

答え：教友たちの記憶、または皮、骨、葉、石に書かれて保存されました。

56. 質問：クルアーンを暗記した人びとを何と呼んでいますか？

答え：ハーフィズ

57. 質問：預言者ムハンマド（彼に平安あれ）にもたらされた啓示を記録したのは誰ですか？

答え：アリー・ビン・アブー・ターリブ、ムアウィヤ・ビン・アブー・スフィヤーン、サイド・ビン・サービット、ウバイ・ビン・カアブ

58. 質問：クルアーン編纂委員会の中で最年長記録者は誰ですか？

答え：ザイド・ビン・サービット

59. 質問：ザイド・ビン・サービットは何度クルアーンの編纂を命じられまし

たか？

答え：2回

60. 質問：アブー・バクルは誰の助言でクルアーンを編纂しましたか？

答え：ウマル

61. 質問：ウスマーンは何人のメンバーでクルアーンの編纂委員会を結成しましたか？

答え：4人（アリー・ビン・アビー・ターリブ、ムアーウィヤ・ビン・アビー・スフヤーン、ザイド・ビン・サービト、ウバイ・ビン・カアブ）

62. 質問：アブー・バクルがカリフだった期間、クルアーンの編纂作業は何年続きましたか？

答え：1年

63. 質問：どの時代に誰の指示で、クルアーンに句読点がつけられましたか？

答え：ウマイヤ朝カリフであるアブドゥル・マリクの時代にハッジャーズ・ビン・ユースフの指揮下で作業が行なわれました。

64. 質問：誰がクルアーンに句読点（ヌクタ）をつけましたか？

答え：ナスル・ビン・アスム・アル・ライスィ、アブル・アスワド・アッドュワラ

65. 質問：誰がクルアーンにハラカを追加しましたか？

答え：カリル・ビン・アハマド・アル・ファルハディ

66. 質問：最初にクルアーンをムスハフと名付けた人は誰ですか？

答え：アブー・バクル

67. 質問：アル・ファーティハの章で「マグドゥーブ」「ダーリーン」とはそれぞれ誰のことですか？

答え：マグドゥーブはユダヤ教徒、ダーリーンはキリスト教徒を指します。

68. 質問：偽信者の議論は、どの章で多く行なわれましたか？

答え：マディーナ啓示の章

69. 質問：アッラーがクルアーンを明らかにされた夜、その夜にはいくつのしるしがありましたか？　またそれらは何でしたか？

答え：① ライラトル・ムバーラカ

② ライラトル・カダル

70. 質問：アッラーが天にかけて誓われた2つの章はどの章ですか？

答え：アル・ブルジュの章（85）とアッ・ターリクの章（86）

71. 質問：アッラーが植物の名前で誓ったのはどの章ですか？

答え：アッ・ティーン章（95）
72. 質問：クルアーンには天国の名前がいくつ出てきますか？
    答え：クルアーンには8つの天国が出てきます。それは
    ① フィルダウスの楽園（アル・カハフ章「18：107」とアル・ムウミン章「23：11」）
    ② ダルル・マカームの楽園（アル・ファーティルの章「35：35」）
    ③ ダルル・カラール（アル・アンカブート章「29：64」）
    ④ ダールッサラームの楽園（ユーヌス章「10：25」、アル・アンアーム章「6：127」）
    ⑤ マオアの楽園（アン・ナジュム章「53：15」）
    ⑥ ダルル・ナイームの楽園（アル・マーイダ章「5：65」、ユーヌス章「10：9」、アル・ハッジ章「22：59」）
    ⑦ ダルル・フルドの楽園（アル・フルカーン章「25:15」）
    ⑧ アドンの楽園（アッ・タウバ章「3：72」、アル・ラアド章「13：23」）

73. 質問：クルアーンに出てくる7つの地獄はそれぞれどんな名前ですか？
    答え：地獄の名前は：
    ① ハーウィヤ（アル・カーリヤ章「101：9」）
    ② ジャヒーム（アン・ナーズィヤート章「79：40」）
    ③ サーイル（アン・ニサー章「4：10」）
    ④ ジャハンナム（アン・ナバア章「78：21」）
    ⑤ ラズド（アル・マアーリジュ章「70：15」）
    ⑥ サカル（アル・ムッダッスィル章「74：42」）
    ⑦ フタマ（アル・フマザ章「104：4」）

74. 質問：クルアーンには預言者たちの息子たちが6人出てきます。それぞれの名前は？
    答え：その6人の名前は
    ① イブラーヒームの息子イスマーイール
    ② イブラーヒームの息子イスハーク
    ③ イスハークの息子ヤアクーブ
    ④ ヤアクーブの息子ユースフ
    ⑤ ヤヒヤーの息子ザカリーヤ
    ⑥ ダーウードの息子イマーン

75. 質問：クルアーンには預言者ムハンマド（彼に平安あれ）の名前が何か所

に出てきますか？
答え：4か所
① アリ・イムラーン章（144節）
② アル・アハザーブ章（40節）
③ ムハンマド章（2節）
④ アル・ファトフ章（29節）

76. 質問：クルアーンには預言者が全部で何人出てきますか？
答え：25人

77. 質問：クルアーンでムバーハラの節はどの章に含まれていますか？
答え：アリ・イムラーン章の61節

78. 質問：イマーム・シャーフィはどの章のことを「他の章が人類に明らかにされるか、だとしてもこの章があれば十分だった」と言いましたか？
答え：アル・アスル章（103）

79. 質問：クルアーンの中で、問いかけで始まる章はいくつありますか？ またそれはどの章ですか？
答え：6
① アル・インサーン章（76）
② アン・ナバ章（78）
③ アル・ガーシヤ章（88）
④ アッ・シャルフ章（94）
⑤ アル・フィール章（105）
⑥ アル・マーウン章（107）

80. 質問：完全なクルアーンの3分の1に相当する章はどの章ですか？
答え：アル・イフラースの章（112）

81. 質問：クルアーンの4分の1に相当する章はどの章ですか？
答え：アル・カーフィルーンの章（109）

82. 質問：「アルハムドウリッラー」で始まるクルアーンの章はどの章ですか？
答え：アル・ファーティハ章（1）、アル・アナーム章（6）、アル・カハフ章（18）、サバア章（34）、ファーティル章（35）

83. 質問：クルアーンに「ビスミッラ・ヒル・ラフマーニッ・ラヒーム」は何回出てきますか？
答え：114回

84. 質問：「ビスミッラー・ヒル・ラフマーニッ・ラヒーム」が２回出てくるのはクルアーンのどの章ですか？

答え：アン・ナムル章（27）

85. 質問：クルアーンで冒頭に「ビスミッラー」がないのはどの章ですか？

答え：アッ・タウバ章（９）

86. 質問：ドゥアの祈りで終わる章はどの章ですか？

答え：アル・ファーティハ章(1)、アル・バカラ章(2)、アル・ムウミヌン章(23)

87. 質問：イーサーの奇跡にちなんで名付けられた章はどの章ですか？

答え：アル・マーイダ章（5）

88. 質問：「ヤアジュージュ」「マアジュージュ」についての議論があるのはどの章ですか？

答え：アル・カハフ章（18）

89. 質問：クルアーンの中で章の名前が出てこない章はいくつありますか？

答え：３つ

アル・ファーティハ章、アル・アンビヤー章、アル・イクラース章

90. 質問：クルアーンの母と呼ばれているのはどの章ですか？

答え：アル・ファーティハ章（1）

91. 質問：クルアーンの玉座と呼ばれているのはどの章ですか？

答え：アル・バカラ章（2）

92. 質問：クライシュ族にちなんで名付けられた章はどの章ですか？

答え：クライシュ章（106）

93. 質問：サバ王（ビルキス事件）にちなんで名付けられた章はどの章ですか？

答え：サバア章（34）

94. 質問：最初の使徒にちなんで名付けられた章はどの章ですか？

答え：ヌーフ章(71)

95. 質問：ルクマーン章は誰にちなんで命名された章ですか？

答え：ルクマーン

96. 質問：女性名がつけられている章はどの章ですか？

答え：マルヤム

97. 質問：サード章はどのジュズの中にありますか？

答え：23

98. 質問：ユースフ章はメッカとマディーナのどちらで明らかにされましたか？

答え：メッカ

99. 質問：ユーヌス章はどこで明らかにされましたか？
    答え：メッカ
100. 質問：フード章にはいくつの節がありますか？
     答え：123
101. 質問：アッ・ティーンの章にはいくつの節がありますか？
     答え：8
102. 質問：ヤースィーン章にはいくつの節がありますか？
     答え：83
103. 質問：クルアーンには全部でいくつの節がありますか？
     答え：6666（従来型）、6236（純正）
104. 質問：アル・カウサル章には全部でいくつの単語がありますか？
     答え：10
105. 質問：アル・イフラース章の中には全部でいくつの単語がありますか？
     答え：15
106. 質問：クルアーンの中で、アラビア文字が29文字しか含まれていない節はどの節ですか？
     答え：アル・ファトフ章　第29節
107. 質問：ムカッタアートの文字で始まるクルアーンの章はいくつありますか？
     答え：29
108. 質問：「アリフ・ラーム・ミーム」で始まる章はいくつありますか？
     答え：6（1. スーラ・アル・バカラ2章、2. スーラ・アリ・イムラン3章、3. スーラ・アル・アンカブト29章、4. スーラ・アル・ラム30章、5. スーラ・ルクマン31章、6. スーラ・アル・サージダ32章）
109. 質問：クルアーンの中で「ミーム」の文字が含まれていない章はどの章ですか？
     答え：アル・カウサル章（108）
110. 質問：クルアーンの中で「カーフ」の文字が含まれていない章はどの章ですか？
     答え：アル・ファラク章（113）、クライシュ族章（106）、アル・アスル章（103）
111. 質問：どの章のすべての節が「ハ」の文字でおわりますか？
     答え：アル・フマザ章（104）
112. 質問：クルアーンのどの章が「バ」の文字から始まりますか？
     答え：アッタウバ章（9）

113. 質問：すべての節に「アッラー」という言葉が含まれている章は何ですか？
　　　答え：アル・ムジャーダラ章（58）
114. 質問：クルアーン（ムスハフ）の100番目の章は何ですか？
　　　答え：アル・アディーアート章
115. 質問：クルアーン（ムスハフ）の50章の名は何ですか？
　　　答え：カーフ章
116. 質問：クルアーン（ムスハフ）の20章の名は何ですか？
　　　答え：ターハー章
117. 質問：アッラーの美名「アル・ワドゥード」の意味は何ですか？　また、クルアーンでは何回言及されていますか？
　　　答え：愛情深い者、慈しみ深い者。クルアーンでは1回、スーラ・アル・ブルージュに言及されています。
118. 質問：アッラーの美名「アッサラーム」の意味は何ですか？
　　　答え：完全無欠な者。平和、安らぎを意味します。
119. 質問：アッラーの美名「アル・ラヒーム」の意味は何ですか？
　　　答え：信者に対して多大な慈悲を持つ者。最も慈悲深い者を意味します。
120. 質問：アッラーの美名「アル・ラフマーン」の意味は何ですか？
　　　答え：この世では信者と不信者の両方に多大な慈悲を持ち、来世では特に信者に対して慈悲深い者。最も慈悲深い者を意味します。
121. 質問：アッラーの美名「アル・ムウミン」の意味は何ですか？　また、クルアーンでは何回言及されていますか？
　　　答え：自分自身に対して唯一の神であることを証言し、信者が唯一の神であると信じることが真実であると証言する者。信頼される者。忠実な者。クルアーンでは1回、スーラ・アル・ハシュルに言及されています。
122. 質問：アッラーの美名「アル・ジャッバー」の意味は何ですか？　また、クルアーンでは何回言及されていますか？
　　　答え：彼の支配下では彼が望んだことしか起こらない者。すべてを強制する者。クルアーンでは1回、スーラ・アル・ハシュルに言及されています。
123. 質問：アッラーの美名「アル・ハーリク」の意味は何ですか？
　　　答え：何も存在しないところから全てを創造する者。創造主、作り手。アル・

ハーリクは、すべての創造物を創り出した者であり、知恵に基づいて宇宙を形作る者です。過去においても未来においても、この偉大な属性を永遠に持ち続けます。

124. 質問：アッラーの美名「アル・カビール」の意味は何ですか？
    答え：物事の真実を知っている者。意識している者。全知全能であり、すべてを知り尽くしている者。隠れたことや明らかなこと、宣言されたことやされていないこと、可能なことや不可能なこと、過去・現在・未来のすべてを包括している者です。

125. 質問：アッラーの美名「アル・ムハイミン」の意味は何ですか？ また、クルアーンでは何回言及されていますか？
    答え：彼の創造物の言動を見守る者。保護者。監視者、管理者。クルアーンでは1回、スーラ・アル・ハシュルに言及されています。

126. 質問：アッラーの美名「アル・ラッザーク」の意味は何ですか？ また、クルアーンでは何回言及されていますか？
    答え：供給者、養う者。すべての創造物に対して供給する者。クルアーンでは1回、スーラ・アッ・ザリヤートに言及されています。

127. 質問：アッラーの美名「アル・バーリ」の意味は何ですか？ また、クルアーンでは何回言及されていますか？
    答え：存在を変える力を持つ創造者。創造主、職人。クルアーンでは1回、スーラ・アル・ハシュルに言及されています。

128. 質問：「アーヒラ」の意味は何ですか？
    答え：アーヒラ（アラビア語：الآخرة）は、来世を指すイスラーム用語です。イスラーム教徒の信仰によれば、アーヒラ、すなわち死後の世界には始まりがあり、終わりはありません。アーヒラでは、現世での行ないが計算され、善行には報酬が与えられ、悪行には罰が与えられます。

129. 質問：「ジャンナ」天国の意味は何ですか？ また、クルアーンに何回登場しますか？
    答え：「ジャンナ」天国はアラビア語で「庭園」を意味します。イスラームの用語では、「ジャンナ」天国は来世で正しい信者のためにアッラーが準備した素晴らしく、至福の住まいを指します。「ジャンナ」天国には様々な階層や段階、名称があります。

130. 質問：「ジャハンナム」の意味は何ですか？ また、クルアーンに何回登場し

ますか？

答え：「ジャハンナム」は文字通り「深い穴」や「奈落」を意味します。クルアーンやハディースにおいて、ジャハンナムは、不信者や罪人のためにアッラーが来世で用意した火の住まいを指します。クルアーンやハディースでは、ジャハンナムは「ナール」（火）とも呼ばれます。

131. 質問：クルアーンでは「蚊」（または「蚊たち」）という単語は何回言及されていますか？

 答え：1回、スーラ・アル・バカラの第26節です。

132. 質問：クルアーンでは「フドフド鳥」という単語は何回言及されていますか？

 答え：1回、スーラ・アン・ナムルの第20節です。

133. 質問：「カエル」という言葉はクルアーンに何回出てきますか？

 答え：1回　スーラ・アル・アアラーフ 7:133

134. 質問：「アル・ハッジ」という言葉はクルアーンに何回出てきますか？

 答え：11回

135. 質問：クルアーンで話されているのはどの鉱物のことについてですか？

 答え：金、鉄等（ザハブ）

136. 質問：クルアーンのどの章節で「千またはアルフ」という数字が3回出てきますか？

 答え：アル・アンファール章 (8)

137. 質問：「クルアーンの変更はありません。アッラー自身がこの保護の責任を負っています」クルアーンのどの章節でこのことを言及していますか？

 答え：アル・ヒジュル章9節

138. 質問：クルアーンのどの章節で、姦淫の罰について議論されていますか？

 答え：アン・ヌール章2節

139. 質問：クルアーンのどの章節で清めの義務について言っていますか？

 答え：アル・マーイダ章6節

140. 質問：クルアーンのどの章節で盗みの罰について言っていますか？

 答え：アル・マーイダ章38節

141. 質問：クルアーンのどの章節で誹謗中傷の罰について言っていますか？

 答え：アン・ヌール章4節

142. 質問：クルアーンのどの章節で、信者の男性と女性は、目を伏せて歩くように求められていると言っていますか？

答え：アン・ヌール章 30、31 節

143. 質問：クルアーンのどの章節で、ミーラース（遺産分配）について議論しましたか？

答え：アン・ニサー章 11、12、176 節

144. 質問：クルアーンのどの章節で、結婚を禁じられている女性について言っていますか？

答え：アン・ニサー章 23 － 24 節

145. 質問：クルアーンのどの章節で、ザカートが分配される分野について議論しましたか？

答え：タウバ章 60 節

146. 質問：クルアーンのどの章節で、断食に関する規則が言及されていますか？

答え：アル・バカラ章 183 － 187 節

147. 質問：クルアーンのどの章節で、乗り物に登るドウアが言及されていますか？

答え：アッ・ズフルフ章 13 節

148. 質問：クルアーンのどの章節で、預言者ムハンマド（彼に平安あれ）へのドゥルードを読むよう命じられていますか？

答え：アル・アハザーブ章 56 節

149. 質問：クルアーンのどの章節で、フナインの戦いについて話していますか？

答え：タウバ章 25 － 26 節

150. 質問：クルアーンのどの章節で、バドルの戦いについて議論していますか？

答え：アル・アンファール章 5 － 19、41 － 48，67 － 69 節

151. 質問：クルアーンのどの章節で、ナディール族との戦いについて話していますか？

答え：アル・ハシュル章 2 － 14 節

152. 質問：クルアーンのどの章節で、ハンダクの戦いについて議論していますか？

答え：アル・アハザーブ章 9 － 27 節

153. 質問：クルアーンのどの章節で、タブーク戦争について話していますか？

答え：タウバ章 38—129 節

154. 質問：クルアーンのどの章節で、預言者ムハンマド（彼に平安あれ）の移住について言及していますか？

答え：タウバ章 40 節
155. 質問：クルアーンのどの章節で、「ハールート」と「マールート」2人の天使の事件について言及していますか？
答え：アル・バカラ章 102 節
156. 質問：クルアーンのどの章節で、カールーンの物語について言及していますか？
答え：アル・カサス章 76 － 83 節
157. 質問：クルアーンのどの章節で、スライマーンとフドフド鳥の出来事について言及していますか？
答え：アン・ナムル章 20 と 44 節
158. 質問：クルアーンのどの章節で、キブラの変更について言及していますか？
答え：アル・バカラ章 142 － 150 節
159. 質問：クルアーンのどの章節で、預言者ムハンマド（彼に平安あれ）のアル・イスラーとワル・ミラージュについて言及していますか？
答え：アル・イスラー章 1 節とアン・ナジュム章 8 － 18 節
160. 質問：象の軍隊の事件について言及している章はどれですか？
答え：アル・フィール章
161. 質問：クルアーンのどの章節で、ズルカルナインの出来事について言及していますか？
答え：アル・カハフ章 83-98 節
162. 質問：クルアーンのどの章節で、「タールート」と「ジャールート」の事件について言及していますか？
答え：アル・バカラ章 246 － 252 節
163. 質問：クルアーンのどの章節で、マスジッド・アル・アクサの出来事について議論していますか？
答え：アル・イスラー章 1 節
164. 質問：クルアーンのどの章節で、両親の部屋に入る前に許可を取るように指示されていますか？
答え：アン・ヌール章 58、59 節
165. 質問：地球のバランスを保つために山を配置すると言っているのはクルアーンのどこですか？
答え：アン・ナフル章 15 節
166. 質問：「ニサー」の意味は何ですか？

答え：女性
167. 質問：「ヒンズィール」の意味は何ですか？
答え：豚
168. 質問：「ハディー」の意味は何ですか？
答え：いけたえの動物
169. 質問：「カウサル」の意味は何ですか？
答え：楽園の噴水または川
170. 質問：「アル・ファーティハ」の意味は何ですか？
答え：開端章
171. 質問：「アル・バカラ」の意味は何ですか？
答え：牛　雌牛
172. 質問：「アリ・イムラーン」の意味は何ですか？
答え：イムラーン家
173. 質問：「アル・マーイダ」の意味は何ですか？
答え：食卓
174. 質問：「アル・アンアーム」の意味は何ですか？
答え：家畜
175. 質問：「アル・ラアド」の意味は何ですか？
答え：雷鳴
176. 質問：「アル・ヒジュル」の意味は何ですか？
答え：岩場
177. 質問：「アン・ナフル」の意味は何ですか？
答え：蜜蜂
178. 質問：「アル・イスラー」の意味は何ですか？
答え：夜の旅
179. 質問：「アル・カハフ」の意味は何ですか？
答え：洞窟
180. 質問：「アル・アンビヤ」の意味は何ですか？
答え：預言者たち
181. 質問：「アル・ハッジ」の意味は何ですか？
答え：巡礼
182. 質問：「アル・ムウミヌーン」の意味は何ですか？
答え：信仰者たち

183. 質問:「アン・ヌール」の意味は何ですか？
     答え:光
184. 質問:「アル・フルカーン」の意味は何ですか？
     答え:識別
185. 質問:「アッシュアラー」の意味は何ですか？
     答え:詩人
186. 質問:「アン・ナムル」の意味は何ですか？
     答え:蟻
187. 質問:「アル・カサス」の意味は何ですか？
     答え:物語
188. 質問:「アル・アンカブート」の意味は何ですか？
     答え:クモ
189. 質問:「アッルーム」の意味は何ですか？
     答え:ローマの人
190. 質問:「アッザリヤート」の意味は何ですか？
     答え:風
191. 質問:「アン・ナジュム」の意味は何ですか？
     答え:星
192. 質問:「アル・カマル」の意味は何ですか？
     答え:月
193. 質問:「アル・ラフマーン」の意味は何ですか？
     答え:慈悲深い
194. 質問:「アル・ワーキア」の意味は何ですか？
     答え:確実
195. 質問:「アル・ハシュル」の意味は何ですか？
     答え:集結もしくは放逐
196. 質問:「アル・ムムタハナ」の意味は何ですか？
     答え:テストされる女性
197. 質問:「アッサーフ」の意味は何ですか？
     答え:戦列
198. 質問:「アル・ジュムア」の意味は何ですか？
     答え:合同礼拝
199. 質問:「アル・ムナフィクーン」の意味は何ですか？

答え：偽善的な信者

200. 質問：「アッタガーブン」の意味は何ですか？
答え：幻滅

201. 質問：「アッタラーク」の意味は何ですか？
答え：離婚

202. 質問：「アッタハリム」の意味は何ですか？
答え：禁止

203. 質問：「アル・ムルク」の意味は何ですか？
答え：主権

204. 質問：「アル・カラム」の意味は何ですか？
答え：ペン

205. 質問：「アル・ハッカ」の意味は何ですか？
答え：現実

206. 質問：「アル・マアーリジュ」の意味は何ですか？
答え：上り階段

207. 質問：「アッ・シャムス」の意味は何ですか？
答え：太陽

208. 質問：「ライル」の意味は何ですか？
答え：夜

209. 質問：「アッドゥハー」の意味は何ですか？
答え：朝の明るさ

210. 質問：「アッシャルフ」の意味は何ですか？
答え：胸の開き

211. 質問：「アッ・ティーン」の意味は何ですか？
答え：無花果

212. 質問：「アル・アラク」の意味は何ですか？
答え：凝血

213. 質問：「アル・カダル」の意味は何ですか？
答え：天命

214. 質問：「アル・バイイナ」の意味は何ですか？
答え：明らかな証拠

215. 質問：「アル・ザルザラ」の意味は何ですか？
答え：地震

216. 質問：「アル・アーディーヤート」の意味は何ですか？
    答え：疾駆する者
217. 質問：「アル・カーリア」の意味は何ですか？
    答え：災難
218. 質問：「アル・タカースル」の意味は何ですか？
    答え：蓄積
219. 質問：「アル・アスル」の意味は何ですか？
    答え：時間
220. 質問：「アル・フマザ」の意味は何ですか？
    答え：中傷者
221. 質問：「アル・フィール」の意味は何ですか？
    答え：象
222. 質問：「アル・クライシュ」の意味は何ですか？
    答え：クライシュ族
223. 質問：「アル・マーウーン」の意味は何ですか？
    答え：慈善
224. 質問：「アル・カウサル」の意味は何ですか？
    答え：潤沢
225. 質問：「アル・カーフィルーン」の意味は何ですか？
    答え：非信者たち
226. 質問：「アル・アアラーフ」の意味は何ですか？
    答え：高壁
227. 質問：「アル・アンファール」の意味は何ですか？
    答え：戦利品
228. 質問：「アッ・タウバ」の意味は何ですか？
    答え：悔悟
229. 質問：「アッ・サジダ」の意味は何ですか？
    答え：サジダ、礼を尽くす
230. 質問：「アル・アハザーブ」の意味は何ですか？
    答え：部族連合
231. 質問：「ファーティル」の意味は何ですか？
    答え：創造者
232. 質問：「アッ・サーファート」の意味は何ですか？

答え：整列者

233. 質問：「アッ・ズマル」の意味は何ですか？
答え：集団

234. 質問：「フッシラト」の意味は何ですか？
答え：解説

235. 質問：「アッ・シューラ」の意味は何ですか？
答え：相談

236. 質問：「アッ・ズフルフ」の意味は何ですか？
答え：金の装飾

237. 質問：「アッドゥッカーン」の意味は何ですか？
答え：煙霧

238. 質問：「アル・ジャースィヤ」の意味は何ですか？
答え：跪く時

239. 質問：「アル・アハカーフ」の意味は何ですか？
答え：砂丘

240. 質問：「ムハンマド」の意味は何ですか？
答え：ムハンマド

241. 質問：「アル・ファトフ」の意味は何ですか？
答え：勝利

242. 質問：「アル・フジュラート」の意味は何ですか？
答え：部屋

243. 質問：「アル・ジン」の意味は何ですか？
答え：幽精

244. 質問：「アル・ムッザンミル」の意味は何ですか？
答え：衣を纏う者

245. 質問：「アル・ムッダッスィル」の意味は何ですか？
答え：服で包まる

246. 質問：「アル・キヤーマ」の意味は何ですか？
答え：復活

247. 質問：「アル・インサーン」の意味は何ですか？
答え：人間

248. 質問：「アル・ムルサラート」の意味は何ですか？
答え：使者たち

249. 質問：「アン・ナバア」の意味は何ですか？
　　 答え：知らせ
250. 質問：「アン・ナーズィアート」の意味は何ですか？
　　 答え：引き抜く者
251. 質問：「アバサ」の意味は何ですか？
　　 答え：眉をひそめた
252. 質問：「アッ・タクウィール」の意味は何ですか？
　　 答え：巻き上げる
253. 質問：「アル・インフィタール」の意味は何ですか？
　　 答え：裂ける
254. 質問：「アル・ムタッフィフィーン」の意味は何ですか？
　　 答え：量を減らす者
255. 質問：「アル・インシカーク」の意味は何ですか？
　　 答え：引き裂く
256. 質問：「アル・ブルージュ」の意味は何ですか？
　　 答え：星座
257. 質問：「アッ・ターリク」の意味は何ですか？
　　 答え：夜訪れる
258. 質問：「アル・アアラー」の意味は何ですか？
　　 答え：最も高い
259. 質問：「アル・ガーシヤ」の意味は何ですか？
　　 答え：圧倒的（事態）
260. 質問：「アル・ファジュル」の意味は何ですか？
　　 答え：暁
261. 質問：「アル・バラド」の意味は何ですか？
　　 答え：町
262. 質問：「アン・ナスル」の意味は何ですか？
　　 答え：「援助」または「神のサポート」
263. 質問：「アル・マサド」の意味は何ですか？
　　 答え：ヤシの繊維
264. 質問：「アル・イクラース」の意味は何ですか？
　　 答え：純正
265. 質問：「アル・ファラク」の意味は何ですか？

答え：夜明け
266. 質問：「アン・ナース」の意味は何ですか？
答え：人々
267. 質問：初代ムファッシルと呼ばれるのは誰ですか？
答え：預言者ムハンマド（彼に平安あれ）
268. 質問：アッラーは誰をムッダッシルと呼んでいますか？
答え：預言者ムハンマド（彼に平安あれ）
269. 質問：最初にマッカでクルアーンを大きい声に出して唱えたサハービは誰ですか？
答え：アブドュッラービン・マスウード
270. 質問：ウマルがイスラームを受け入れた理由は、クルアーンのどの章ですか？
答え：ターハー（20）
271. 質問：ムスリム国家の父は誰ですか？
答え：イブラーヒーム　مِلَّةَ أَبِيكُمْ إِبْرَاهِيمَ هُوَ سَمَّاكُمُ الْمُسْلِمِينَ مِن قَبْلُ وَفِي هَٰذَا
272. 質問：アッラーはどのような形に世界を創造しましたか？
答え：ベッドのような形
273. 質問：アッラーはどのような形に空を創造しましたか？
答え：屋根のような形
274. 質問：クルアーンのどの章節でアッラーはクルアーンを「ハブリッラー」と呼ばれたか？
答え：アリ・イムラーン章103節
275. 質問：マルヤムが振った木は何ですか？
答え：デーツの木
276. 質問：クルアーンで「シッディーカまたは正直者」と言及している唯一の女性は誰ですか？
答え：マルヤム
277. 質問：ルクマーンはルクマーン章（31章）で息子にいくつのアドバイスをしましたか？
答え：10

1. …おお、息子よ！　神と共に他の人を崇拝しないでください。まさに！　他の人たちと一緒に神への礼拝を行なうことは、確かに大きな間違いです。(31：14)

2. そして私たちは人間に、両親に対して忠実で善良であることを命じました…（31：14）
3. おお、わが息子よ！ それがからし種一粒の重さに等しいものであれば、それが岩の中であろうと天上であろうと地であろうと、アッラーはそれを生み出してくださいます…（クルアーン 31：16）
4. おお、息子よ！祈りを完璧に捧げましょう…（31：17）
5. …人々にすべての善を与え、すべての悪を禁じなさい…（31：17）
6. …何が起こっても忍耐強く耐えてください…（31：17）
7. 高慢に顔を背けてはならない…（31：18）
8. …また、傲慢に地上を歩き回らない。アッラーはいかなる高慢な自慢者も好まれません。（31：18）
9. 歩くときは節度を持って（または横柄な態度を示さないで）…（31:19）
10. …そして声を低くしてください。まさに、すべての声の中で最も厳しいのはロバの叫び声です。（31:19）

Al Quran (Answer Sheet)

1. **Question:** What is the meaning of Quran?
   Answer: The word Al-Qur'an is derived from the root Al-Qarw (القرء). It has two meaning, 1. reading 2. To combination
   Al Qur'an as the first one means, 'reciting' or 'reading'.
   And second one means 'gathering' or 'combination'. Because Al-Qur'an is the summary of all previous knowledge.

2. **Question:** How many Surahs are there in the Holy Quran?
   Answer: 114

3. **Question:** How many Juz are there in the Quran?
   Answer: 30

4. **Question:** How many Manzil (Portion) are in the Qur'an?
   Answer: 7

5. **Question:** How many numbers are there in Makki Surah?
   Answer: 86

6. **Question:** How many numbers are there in Madani Surah?
   Answer: 28

7. **Question:** On which night was the hole Quran revealed?
   Answer: The night of Lailatul Qadr

8. **Question:** When was the Quran revealed?
   Answer: Al-Quran was first revealed in the month of Ramadan in 13 A.H. (610 AD) during Lailatul Qadr

9. **Question:** Who brought the message of the Quran to the Prophet Muhammad (PBUH)?
   Answer: Angel Jibra'il

10. **Question:** What was the name of that Sahabi in whose disguise angel Jebra'il brought revelation to prophet Muhammad (PBUH)?
    Answer: Dihyah al-Kalbi

11. **Question:** Which method of revelation was painful for the Prophet (PBUH)?
    Answer: When the revelation came to Him like a ringing bell

12. **Question:** What is the reason of Al-Quran to be revealed on Arabic language?
    Answer: The language of Prophet Muhammad (PBUH) was Arabic

13. **Question:** What kind of revelation is the Quran?
    Answer: Wahi E Matlu. It means a revelation that recites in prayer.
14. **Question:** What is the source of Al-Quran?
    Answer: Revelation of Allah. Each verse of the Qur'an revealed directly from Allah through the angel Jabra'il to Prophet Muhammad (PBUH), at different places in Mecca and Medina. The first and most important book of Islamic jurisprudence is Quran. In the Qur'an Allah has given various moral, philosophical, social, political and economic guidelines, which are sufficient for the task of building a society.
15. **Question:** What is the main tafseer of Al-Quran?
    Answer: Quran
16. **Question:** How many years did it take for the Holy Quran to be revealed?
    Answer: 23 years
17. **Question:** Which verse of the Holy Quran was revealed first?
    Answer: First 5 verses of Surah Al-'Alaq
18. **Question:** Which verse of the Holy Quran was revealed last?
    Answer: Allah said in verse 281 of Surah Al-Baqara
    وَاتَّقُوا يَوْمًا تُرْجَعُونَ فِيهِ إِلَى اللَّهِ ثُمَّ تُوَفَّىٰ كُلُّ نَفْسٍ مَا كَسَبَتْ وَهُمْ لَا يُظْلَمُونَ
    Ibn Abi Hatim narrates from Saeed Bin Zubair (RA) that the Prophet (PBUH) was alive for nine days after the verse was revealed (Al-Itqan fi Ulum Al-Quran)
19. **Question:** Which Surah was the first to be revealed in entire verses?
    Answer: Surah Al Fatiha (Surah no 1)
20. **Question:** What is the name of the first Surah of the Holy Quran?
    Answer: Surah Al Fatihah
21. **Question:** What is the name of the largest Surah of the Holy Quran?
    Answer: Surah Al-Baqarah (Surah no 02)
22. **Question:** What is the name of the smallest Surah of the Holy Quran?
    Answer: Surah Al Kausar/Kawthar (Surah no 108)
23. **Question:** Which is the last Surah of Quran?
    Answer: Surah An-Nasr (Surah no 110)
24. **Question:** Which Sura has the longest verse in the Holy Quran?
    Answer: Surah Al-Baqarah verse no 282
25. **Question:** Which is the most virtuous verse in the Holy Quran?
    Answer: Ayatul Kursi (Surah Al-Baqarah verse 255)
26. **Question:** Which verse is if you recite after the obligatory prayer, there is no obstacle to go to heaven except death?
    Answer: Ayatul Kursi

27. **Question:** Which Surah of the Holy Quran will protect us from the punishment of the grave?
Answer: Surah Al-Mulk (Surah no 67)

28. **Question:** Which Surah of the Holy Quran should be read especially on Friday (The day of Salatul-Jumu'ah) is Mustahab?
Answer: Surah Al-Kahf (Surah no 18)

29. **Question:** Of which Surahs first ten verses of the Holy Quran will protect the reciter from Dajjal's fitnah?
Answer: The first 10 verses of Surah Al-Kafh

30. **Question:** Which 2 Surahs of the Holy Quran are Sunnah to recite on Fajr prayer on Friday?
Answer: Surah As-Sajdah (Surah no 32) and Surah Ad-Dahr/Al-Insaan (Surah no 76)

31. **Question:** Which 2 Surahs of the Holy Quran are Sunnah to recite in Friday prayer (Salatul-Jumu'ah)?
Answer: Surah Al-A'la (Surah no 87) and Surah Al-Ghashiyah (Surah no 88)

32. **Question:** Reciting the last two verse of which Surah at night is sufficient for man?
Answer: The last two verses of Surah Al-Baqarah (verse 285 & 286)

33. **Question:** Love for which Surah of the Holy Quran will take people to Jannah(paradise)?
Answer: Surah Al-Ikhlas (Surah no 112)

34. **Question:** When did the revelation of Quran end?
Answer: 10th Hijri the month of Safar

35. **Question:** How many prostrations (sajdah) does the holy Quran contain and in which surah? Mention them.
Answer: 14
① Surah Al-A'raf (Surah no 7 Verse no 206)
② Surah Ar-Ra'd (Surah no 13 Verse no 159)
③ Surah An-Nahl (Surah no 16 Verse no 49)
④ Surah Al-Isra (Surah no 17 Verse no 107)
⑤ Surah maryam (Surah no 19 Verse no 58)
⑥ Surah Al-Hajj (Surah no 22 Verse no 18)
⑦ Surah Al-Furqan (Surah no 25 Verse no 60)
⑧ Surah An-Naml (Surah no 27 Verse no 25)
⑨ Surah As-Sajdah (Surah no 32 Verse no 15)
⑩ Surah Saad (Surah no 38 Verse no 24)

⑪ Surah Fussilat/Ha-Mim As-Sajdah (Surah no 41 Verse no 37)
⑫ Surah An-Najm (Surah no 53 Verse no 62)
⑬ Surah Al-Inshiqaq (Surah no 84 Verse no 21)
⑭ Surah Al-'Alaq (Surah no 96 Verse no 19)

36. **Question:** In which Surah of the Quran is the first prostration is found?
    Answer: Surah Al-A'raaf (Surah no 7)

37. **Question:** How many prostrations (sajdah) are there in the surahs of Medinan?
    Answer: 3 prostrations
    2 are in Surah Al-Hajj and 1 is in Surah Ar-Ra'ad

38. **Question:** Which Surah has two prostrations?
    Answer: Surah Al-Hajj {Surah no 22 verse no 18 (and verse no 77 according to Imam Shafi'i)}

39. **Question:** How many verses and bows are there in Surah Al-Baqarah?
    Answer: There are 286 verses and 40 bows

40. **Question:** What is the meaning of Makki and Madani Surah?
    Answer: Makki- The Surahs that were revealed before the migration to Madina
    Madani- The Surahs that were revealed after the migration to Madina

41. **Question:** What are the basic features of Makki Surah?
    Answer: The basic features of Makki Surah are given below:
    ① A call to monotheism and worship to Allah. Discussing Jannat-Jahannam and disputing with polytheists.
    ② Condemnation of the killing and destructions polytheists, eating the wealth of orphans etc.
    ③ Short sentences but literary rich.
    ④ For comforting and admonishing Prophet Muhammad (SAW), narrating the stories of Prophet in details, and how the people of their community called them liars and tormented them.

42. **Question:** What are the basic features and identity of Madani Surah?
    Answer: The basic features of Madani Surah are given below:
    ① Discussion of worship, rituals, penal code, jihad, peace, war, family rules, governance etc.
    ② Calling the people of Jews and Christians to Islam
    ③ Exposing the double standards of the hypocrites and discussing how terrible they are for Islam.
    ④ The revelation of long verse to determine the procedure for framing

the constitution and its aims and objectives.

⑤ Surahs that begin with "يَا أَيُّهَا الَّذِينَ آمَنُو"

43. Question: What is the meaning of Tafsir?

Answer: To express/ To explain clearly

44. Question: Which type of tafseer is called the best tafseer of Quran?

Answer: Explaining one verse of the Quran to another

45. Question: How many types of verses in the Quran in terms of not being interpreted?

Answer: 2 types. محکم و متشابه

① Muhkam

② Mutashabih

46. Question: What type of verse is called Muhkam?

Answer: It is possible to know the explanation of all those verses

47. Question: What type of verse is called Mutashabih?

Answer: It is impossible to know the explanation of all those verses

48. Question: What is the purpose of staying mutashabih in Quran?

Answer: It's a challenge from Allah to the non-believer. Although these letters are Arabic but no one knows the meaning

49. Question: What beliefs should believers have about Mutashabih?

Answer: Believers will believe that all these are from Allah. And Allah knows its meaning very well.

50. Question: Give some examples of Mutashabih?

Answer: حم

(Ha Mim) (44:1) Sometimes, three letters were mentioned, such as,

الم

(Alif Lam Mim (2: 1)) and four letters, such as,

المر

('Alif Lam Mim Ra) (13:1), and

المص

(Alif Lam Mim Sad) (7:1).

Sometimes, five letters were mentioned, such as,

كهيعص

(Kaf Ha Ya 'Ayn Sad) (19:1), and;

حم - عسق

(Ha Mim. 'Ayn Sin Qaf) (42:1-2).

This is because the words that are used in speech are usually comprised of one, two, three, four, or five letters.

51. **Question:** What is the meaning of Shan-E-Nuzul?
    Answer: Circumstances of the revelation of Al-Quran
52. **Question:** What was the original Quran like?
    Answer: The original Quran had no punctuation above or below the letters. For the reading convenience of non-Arabs, punctuation such as jer, jabar, pesh, tashdeed etc. are introduced.
53. **Question:** Who is called Jamiyul Quran?
    Answer: Hazrat Usman (RA)
54. **Question:** Due to which incident is the necessity of compiling of the Quran strongly felt?
    Answer: 70 Hafizes of Quran are martyred in the battle of Yamama
55. **Question:** How was the Holy Quran preserved in first era?
    Answer: In the memory of the Shahaba, written in skin, bone leaf and stone.
56. **Question:** What do they call those who memorized the Quran?
    Answer: Hafiz
57. **Question:** Who were the author of the revelation of Prophet Muhammad (PBUH)?
    Answer: Ali Bin Abi Taleb, Mu'awiya Bin Abi Sufyan, Zayd Bin Sabet and Ubai Bin Ka'b (RA)
58. **Question:** Who was the oldest revelation writer in the era of Rasulullah (PBUH)?
    Answer: Hazrat Zayed Bin Sabit (RA)
59. **Question:** How many times was Hazrat Zayed Bin Sabit (RA) assigned to compile the Quran?
    Answer: 2 times
60. **Question:** Who advised Abu Bakr (RA) to compile the Quran?
    Answer: Advise of Umar (RA)
61. **Question:** How many members did Usman (RA) formed the Quran compilation board?
    Answer: 4 members, Ali Bin Abi Taleb, Mu'awiya Bin Abi Sufyan, Zayd Bin Sabet and Ubai Bin Ka'b (RA)
62. **Question:** During the caliphate of Abu Bakr (RA), how many years did the work of compiling Quran go on?
    Answer: 1 year
63. **Question:** In which era, under whose instructions, the letter of the Holy Quran was punctuated?
    Answer: The work was carried out during the reign of the Umayyad Caliph

Abdul Malik under the direction of Hajjaz Bin Yusuf.

64. **Question:** Who did the punctuation of the Holy Quran?
Answer: Nasr bin Asim Al Laisi / Abul Aswad Adduwala.

65. **Question:** Who added Harkat {Zabar (fatha), Zer (kasra), or Pesh (damma)} in Quran?
Answer: Khalil Bin Ahmad al Farhadi (RA)

66. **Question:** Who first named the Quran Mashaf?
Answer: Abu Bakr Siddiq (RA)

67. **Question:** Who is meant by 'Magdubi Alaihim' and who is meant by 'Da-llin' in Surah Fatiha?
Answer: 'Magdubi Alaihim' refers to the Jews and 'Da-llin' refers to the Christians.

68. **Question:** In which Surahs does the discussion of hypocrites come more?
Answer: Medinan

69. **Question:** The night Allah revealed the full Quran, how many qualities did that night have and what are they?
Answer: 2
　① Lailatum Mubarakah And
　② Lailatul Qadr

70. **Question:** In which two Surahs Allah swore by the name of sky?
Answer: Surah Al-Buruj, Surah At-Tariq (Surah no 85 and 86)

71. **Question:** In which Surah Allah swore by the name of plant?
Answer: Surah At-Tin (Surah no 95)

72. **Question:** How many names of Paradise/Jannah are mentioned in the Holy Quran?
Answer: There are 8 names of Paradise/Jannah mentioned in the Holy Quran. They are:

　① Jannatul Firdaus (Surah Al-Kahf [18:107] Surah Al-Mu'minun [23:11])
　② Jannatul / Darul Maqam (Surah Al Fatir [35:35])
　③ Jannatul / Darul Karar (Surah Al-Ankabut [29:64])
　④ Jannatul / Darus Salaam (Surah Yunus [10:25] Surah Al Anam [6:127])
　⑤ Jannatul Mawa (Surah An-Nazm [53:15])
　⑥ Jannatul / Darun Na'eem (Surat Al-Ma'idah [5:65] Surah Yunus [10:09] Surah Al-Hajj [22:59])
　⑦ Jannatul / Darul Khuld (Surah Al-Furqan [25:15])

⑧ Jannatul Adan (Surah At-Tawbah [3:72] Surah Ar-Ra'd [13:23])

73. Question: What are the name of Hells/Jahannam that are mentioned in Quran?

Answer: There are 7 names of hells/Jahannam mentioned in the Holy Quran. They are:

① Hawiya (Surah Al-Qari'ah 101:9)
② Jahim (Surah An-Nazi'at 79:40)
③ Sa'ir (Surah An-Nisa 4:10)
④ Jahannam (Surah An-Naba 78:21)
⑤ Lazd (Surah Al-Ma'arij 70:15)
⑥ Saqar (Surah Al-Muddassir 74:42)
⑦ Hutama (Surah Al-Humazah 104:4)

74. Question: What are the names of the six persons/people mentioned in the Quran, who are all sons of prophet?

Answer: The name of six people are:

① Ismail, son of Ibrahim
② Ishaq, son of Ibrahim
③ Yaqub, son of Ishaq
④ Yusuf, son of Yaqub
⑤ Zakariya, son of Yahiya
⑥ Sulaiman, son of Daud

75. Question: How many places in the Holy Quran the name of Muhammad (PBUH) is mentioned?

Answer: In four places

① Surah Al-Imran (verse no 144)   ③ Surah Muhammad (verse 2)
② Surah Al-Ahzab (verse no 40)   ④ Surah Al-Fatha (verse 29)

76. Question: How many Prophets name have been mentioned in the Holy Quran?

Answer: 25

77. Question: Which Surah of the Quran contains the verse of mubahala?

Answer: Surah Al-Imran (verse no-61)

78. Question: About which Surah Imam Shafi said, "Even if other surah was not revealed to mankind, it was sufficient"?

Answer: Surah Al-Asr (Surah no 103)

79. **Question:** How many Surahs of the Quran starts with question and what are they?

Answer: 6

① Surah An-Naba (Surah no78)
② Surah Al-Ghashiya (Surah no 88)
③ Surah Ash-Sharh/Al-Inshirah (Surah no 94)
④ Surah Al-Fil (Surah no 105)
⑤ Surah Al-Ma'un (Surah no 107)
⑥ Surah Al-Insan/Ad-Dahr (Surah no 76)

80. **Question:** Which Surah of the Holy Quran is equal to one third of the Quran?

Answer: Surah Al-Ikhlas (Surah no 112)

81. **Question:** Which Surah is equivalent to a quarter of the Holy Quran?

Answer: Surah Al-Kafirun (Surah no 109)

82. **Question:** Which Surahs of the Quran begin with "Alhamdulliah"?

Answer: Surah Al-Fatiha (1), Surah Al-An'am(6), Surah Al-Kahf(18), Surah Saba(34), Surah Fatir(35)

83. **Question:** How many times are there in the Holy Quran 'Bismillahir Rahmanir Rahim'?

Answer: 114 times

84. **Question:** Which Surah of the Quran contains 'Bismillahir Rahmanir Rahim' twice?

Answer: Surah An-Naml (Surah no 27)

85. **Question:** Which Surah of the Quran doesn't have 'bismillah' at the beginning?

Answer: Surah At-Tawba (Surah no 9)

86. **Question:** Which Surahs are ended by dua?

Answer: Surah Al-Fatiha (1), Al-Baqarah (2), Al-Mu'minun(23)

87. **Question:** Which Surah is named after the miracle of Isa (AS)?

Answer: Surah Al-Maaida (Surah no 5)

88. **Question:** Which Surah is discussed about Yajuz-Majuz?

Answer: Surah Kahf (Surah no 18)

89. **Question:** How many Surahs in the Holy Quran don't have their own name?

Answer: 3

Surah Al-Fatiha (1), Al-Maaida (5) and Al-Ikhlas (111)

90. **Question:** Which Surah is called the mother of the Quran?
    Answer: Surah Al-Fatiha
91. **Question:** Which Surah is called the throne of the Quran?
    Answer: Surah Al-Baqarah (Surah no 2)
92. **Question:** Which Surah is named after the tribe of Quraish?
    Answer: Surah Quraish (Surah no106)
93. **Question:** Which Surah is named after Rani Saba (The incident of Rani Bilquis)?
    Answer: Surah Saba (Surah no 34)
94. **Question:** Which Surah is named after the first Messenger?
    Answer: Surah Nuh (Surah no 71)
95. **Question:** Surah Luqman is named after by whom?
    Answer: Prophet Luqman
96. **Question:** A Surah is named in the name of which woman?
    Answer: Mariyam (AS)
97. **Question:** In which Para is Surah Saad located?
    Answer: 23 Para
98. **Question:** Surah Yusuf Meccan or Medinan?
    Answer: Meccan
99. **Question:** Where was Surah Yunus revealed?
    Answer: Mecca
100. **Question:** How many verses are there in Surah Hud?
    Answer: 123 verse
101. **Question:** How many verses are there in Surah At-Tin?
    Answer: 8 verse
102. **Question:** How many verses are there in Surah Yasin?
    Answer: 83 verse
103. **Question:** How many verses are there in the Holy Quran?
    Answer: 6666(conventional), 6236 (pure)
104. **Question:** How many words are there in Surah Al Kausar/Kawthar?
    Answer: 10 words
105. **Question:** How many words are there in Surah Al-Ikhlas?
    Answer: 15 words
106. **Question:** Which verse of the Holy Quran contains only 29 Arabic letters?
    Answer: In verse 29 of Surah Al-Fath

107. Question: How many Surahs in the Quran begin with the letter of Muqatta'at?
Answer: 29

108. Question: How many Surahs are started by Alif-Lam-Mim?
Answer: 6 (1. Surah Al Baqarah chapter 2, 2. Surah Ali 'Imran chapter 3, 3. Surah Al 'Ankabut chapter 29, 4. Surah Al Rum chapter 30, 5. Surah Luqman chapter 31, 6. Surah Al Sajdah chapter 32)

109. Question: Which Surah of the Holy Quran doesn't contain the letter 'MIM'?
Answer: Surah Al-Kausar/Kawthar (Surah no 108)

110. Question: Which Surah of the Holy Quran doesn't contain the letter 'Kaf'?
Answer: Surah Al Falaq (113), Al-Quraish (106) and Al-Asr (103)

111. Question: Every verse of which Surah ends with the letter ha?
Answer: Surah Al-Humazah (Surah no 104)

112. Question: Which surah starts with the letter "ba"?
Answer: Surah At-Tawba (Surah no 9)

113. Question: Which Surah of the Quran has the word "Allah" in every verse?
Answer: Surah Al-Mujadila (Surah no 58)

114. Question: What is the 100th Surah of the Quran in terms of continuity?
Answer: Surah Al-Adiyat

115. Question: What is the name of the 50th Surah in terms of continuity?
Answer: Surah Qaaf

116. Question: What is the name of the 20th Surah in terms of continuity?
Answer: Surah Ta-Ha

117. Question: What is the meaning of Allah's attribute name "Al-Wadud" and how many times mentioned in the Quran?
Answer: The Affectionate, the Loving and 1 time in Surah Al-buruj

118. Question: What is the meaning of Allah's attribute name "As-Salam"?
Answer: -The One who is free from every imperfection.
- The Peace, The Tranquility

119. Question: What is the meaning of Allah's name of attribute. "Ar-Rahim"?
Answer: - The One who has plenty of mercy for the believers.
- The most Compassionate

120. Question: What is the meaning of Allah's as a qualitative name or descriptive name "Ar-Rahman"?
Answer: - The One who has plenty of mercy for the believers and the

blasphemers in this world and especially for the believers in the hereafter.

    - The Most Merciful

121. **Question:** What is the meaning of Allah's as a qualitative name or descriptive name "Al-Mu'min" and how many times mentioned in the Quran?

    Answer: - The One who witnessed for Himself that no one is God but Him. And He witnessed for His believers that they are truthful in their belief that no one is God but Him.

    - The One with Faith

    - The Faithful, The Trusted and 1 time in Surah Al-Hasr.

122. **Question:** What is the meaning of Allah's as a qualitative name or descriptive name "Al-Jabbar" and how many times mentioned in the Quran?

    Answer: - The One that nothing happens in His Dominion except that which He willed.

    - The all Compelling and 1 time in Surah Al-Hasr

123. **Question:** What is the meaning of Allah's as a qualitative name or descriptive name "Al-Khaaliq"?

    Answer: - The One who brings everything from non-existence to existence.

    - The Creator, the Maker

    Al-Khaliq is the One who has created all of creation. He has brought them into existence without any prior model, arranging and structuring them according to His wisdom. He gives shape to the universe in accordance with His knowledge and wisdom, creating it when it did not previously exist. He has always possessed this great attribute and will continue to possess it forever.

124. **Question:** What is the meaning of Allah's as a qualitative name or descriptive name "Al-Khabir"?

    Answer: - The One who knows the truth of things.

    - The Aware.

    - The Sagacious, one is who is aware.

    He encompasses everything that is manifest and hidden, secret and mysterious, declared and undeclared, essential and non-essential, possible and impossible, the higher realms and the lower realms, past, present, and future. Nothing is hidden from Him; He is All-Knowing and Omniscient. With His knowledge, He encompasses all that is essential, possible, and impossible.

125. **Question:** What is the meaning of Allah's as a qualitative name or descriptive name "Al-Muhaimin" and how many times mentioned in the Quran?

Answer: - The One who witnesses the saying and deeds of His creatures.
- The Protector
- The vigilant, the controller and 1 time in Surah Al-Hasr

126. **Question:** What is the meaning of Allah's as a qualitative name or descriptive name Allah's name "Ar-Razzaaq" and how many times mentioned in the Quran?

Answer: - The Provider, the Sustainer

He is the provider of sustenance for all of creation. There is no being in the higher or lower realms that does not partake in His provision. 1 time in Surah Az-Zariyat

127. **Question:** What is the meaning of Allah's as a qualitative name or descriptive name Allah's name "Al-Baari" and how many times mentioned in the Quran?

Answer: - The Creator who has the Power to turn the entities.
- The Artificer, the Creator 1 time (Surah Al-Hasr)

128. **Question:** What is the meaning of "Akhirah"?

Answer: Akhirah (Arabic: الآخرة) is an Islamic term that refers to the afterlife. According to Muslim belief, the Akhirah, or the life after death, has a beginning but no end. In the Akhirah, people's deeds from their worldly lives will be accounted for, and they will be rewarded for their good deeds and punished for their bad deeds.

129. **Question:** What is the meaning of the word "Jannah" How many times does appear in the Holy Quran?

Answer: The term Jannah literally means "garden" in Arabic. In Islamic terminology, Jannah refers to the magnificent, blissful abode that Allah has prepared for righteous believers in the afterlife. Jannah has various levels, stages, and names.

The term Jannah appears 139 times in the Holy Quran (Singular, dual and plural words)

130. **Question:** What is the meaning of the word "Jahannam" and how many times does appear in the Holy Quran?

Answer: The term Jahannam literally means "deep pit" or "abyss." In the Quran and Hadith, Jahannam refers to the fiery abode that Allah has prepared in the afterlife for disbelievers and sinners as a place of punishment. Jahannam is often referred to as "Nar" or "Fire" (Hell) in the Quran and Hadith. The term Jahannam appears 77 times in the Holy Quran.

131. Question: How many times is the word "mosquito" (or "mosquitos") mentioned in the Quran?

Answer: Once, in Surah Al-Baqarah, verse 26.

132. Question: How many times is the word "Hud-Hud bird" mentioned in the Quran?

Answer: Once, in Surah An-Naml, verse 20.

133. Question: How many times is the word "Frog" mentioned in the Quran?

Answer: 1 time (Surah Al-Araf verse no 133)

134. Question: How many times is the word "Al-Hajj" mentioned in the Quran?

Answer: 11 times

135. Question: Which minerals name is mentioned more in the Quran?

Answer: Gold (Zahab)

136. Question: In which surah of the Quran is the number "One thousand (Alf) 3 times mentioned?

Answer: Surah Al-Anfal (8)

137. Question: There will be no change of Quran. Allah Himself has taken the responsibility of its protection. Which verse of the which Surah has mentioned this?

Answer: Surah Al-Hijr verse no-9

138. Question: In which verse of the Quran there is a discussion of the punishment of adultery?

Answer: Surah An-Nur verse no 2

139. Question: In which Surah of which verse of the Quran has mentioned the duty of ablution?

Answer: Surah Al-Ma'idah verse no 6

140. Question: In which Surah of which verse of the Quran has mentioned the punishment of theif?

Answer: Surah Al-Ma'idah verse no 38

141. Question: In which Surah of which verse of the Quran has mentioned the provision of punishment of slander?

Answer: Surah An-Nur verse no-4

142. Question: In which Surah of which verse of the Quran has told about the men and women walking keeping eyes downcast?

Answer: Surah An-Nur verse no-30-31

143. Question: In which Surah of which verses of the Quran discuss about the Miras (distribution of inheritance)?

Answer: Surah An-Nisa verse no-11,12 & 176

144. **Question:** In which Surah of which verse of the Quran has informed about the women who are forbidden to marry?
Answer: Surah An-Nisa verse no-23-24

145. **Question:** In which Surah of which verse of the Quran discusses about the sectors of zakat distribution?
Answer: Surah At-Tawba verse no 60

146. **Question:** In which Surah of which verse of the Quran has mentioned the rules related to fasting (Siyam)?
Answer: Surah Al-Baqarah verse no 183-187

147. **Question:** In which Surah of which verse of the Quran has mentioned the dua of riding vehicles?
Answer: Surah Az-Zukhruf verse no-13

148. **Question:** In which Surah of which verse of the Quran orders to read durood on the prophet (PBUH)?
Answer: Surah Al-Ahzab verse no-56

149. Question: In which Surah of which verses of the Quran discuss about Hunayan War?
Answer: Surah At-Tawba verse no- 25,26

150. **Question:** In which Surah of which verses of the Quran discuss about Badar War?
Answer: Surah Al-Anfal verse no 5-19,41-48,67-69

151. **Question:** In which Surah of which verses of the Quran discuss about Banu Nadir battle?
Answer: Surah Al-Hashr verse no-2-14

152. **Question:** In which Surah of which verses of the Quran discuss about the battle of Khandaq?
Answer: Surah Al-Ahzab verse no- 9-27

153. **Question:** In which Surah of which verses of the Quran discuss about the battle of Tabuq?
Answer: Surah At-Tawba verse no-38-129

154. **Question:** In which Surah of which verse has mentioned the migration of Prophet Muhammad (PBUH)?
Answer: Surah At-tawba verse no 40

155. **Question:** Which verse of the which Surah has mentioned the incidents of Harut and Marut (2 angels)?
Answer: Surah Al-Baqarah verse no 102

156. Question: Which verses of the which Surah have mentioned the Qarun's story?
Answer: Surah Al-Qasas verse no 76-83

157. Question: Which verses of the which Surah have mentioned the incidents of hud-hud bird with Sulaiman(AS)?
Answer: Surah An-Naml verse no 20,44

158. Question: Which verses of the which Surah have mentioned the change of Qibla?
Answer: Surah Al-Baqarah verse no-142-150

159. Question: In which Surah of which verses have mentioned the incidents of Al-Isra Wal-Mi'raj of Prophet Muhammad (PBUH)?
Answer: Surah Al-Isra verse no-1 and Surah An-Nazm verse no- 8-18

160. Question: Which Surah has mentioned the incidents of the army of elephants?
Answer: Surah Al-Fil (Surah no 105)

161. Question: Which verses of the which Surah have mentioned the incidents of king Dhulqer Nain?
Answer: Surah Al-Kahf verse no 83-98

162. Question: Which verses of the which Surah have mentioned the incidents of Talut and Jalut?
Answer: Surah Al-Baqarah verse no-246-252

163. Question: Which verse of the which Surah has mentioned the incidents of Mashjid Al-Aqsa?
Answer: Sura Al-Isra verse no-1

164. Question: Which verses of the which Surah have instructed to take permission to enter the room of parents?
Answer: Surah An-Nur verse no-58,59

165. Question: Where is said in Quran to place mountains to protect the balance of the earth?
Answer: Surah An-Nahl verse no 15

166. Question: What is the meaning of "Nisa"?
Answer: Women

167. Question: What is the meaning of "Khinzir"?
Answer: Pig

168. Question: What is the meaning of "Hady"?
Answer: Sacrificial animal

169. **Question:** What is Kausar/Kawthar?
Answer: A fountain or river in paradise (Jannah)
170. **Question:** What is the meaning of surah Al-Faatiha?
Answer: The opening
171. **Question:** What is the meaning of surah Al-Baqarah?
Answer: The Cow
172. **Question:** What is the meaning of Surah Al-Imran?
Answer: The Family of Imran
173. **Question:** What is the meaning of Surah Al-Mayida?
Answer: The Food
174. **Question:** What is the meaning of Surah Al-An'aam?
Answer: The Cattle
175. **Question:** What is the meaning of Surah Ar-Ra'd?
Answer: The Thunder
176. **Question:** What is the meaning of Surah Al-Hijr?
Answer: The rocky tract
177. **Question:** What is the meaning of Surah An-Nahl?
Answer: Bees
178. **Question:** What is the meaning of Surah Al-Israa (Bani Israeal)?
Answer: The Night Journey or the child
179. **Question:** What is the meaning of Surah Al-Kahf?
Answer: The cave
180. **Question:** What is the meaning of Surah Al-Anbiyaa?
Answer: The Prophets
181. **Question:** What is the meaning of Surah Al-Hajj?
Answer: The Pilgrimage
182. **Question:** What is the meaning of Surah Al-Mu'minun?
Answer: The believers
183. **Question:** What is the meaning of Surah An-Nur?
Answer: The light
184. **Question:** What is the meaning of Surah Al-Furqaan?
Answer: Separator of the truth from falsehood
185. **Question:** What is the meaning of Surah Ash-Shu'ara?
Answer: The Poets
186. **Question:** What is the meaning of Surah An-Naml?
Answer: The Ant

187. **Question:** What is the meaning of Surah Al-Qasas?
    Answer: The stories
188. **Question:** What is the meaning of Surah Al-'Ankabut?
    Answer: The Spider
189. **Question:** What is the meaning of Surah Ar-Rum?
    Answer: The Romans
190. **Question:** What is the meaning of Surah Az-Zariyat?
    Answer: The winnowing winds
191. **Question:** What is the meaning of Surah An-Najm?
    Answer: The star
192. **Question:** What is the meaning of Surah Al-Qamar?
    Answer: The moon
193. **Question:** What is the meaning of Surah Ar-Rahman?
    Answer: The beneficent
194. **Question:** What is the meaning of Surah Al-Waqiah?
    Answer: The inevitable
195. **Question:** What is the meaning of Surah Al-Hashr?
    Answer: The exile
196. **Question:** What is the meaning of Surah Al-Mumtahana?
    Answer: She who is to be examined
197. **Question:** What is the meaning of Surah As-Saff?
    Answer: The ranks
198. **Question:** What is the meaning of Surah Al-Jumu'ah?
    Answer: The congregation
199. **Question:** What is the meaning of Surah Al-Munafiqun?
    Answer: The Hypocrites
200. **Question:** What is the meaning of Surah At-Taghabun?
    Answer: The mutual disillusion
201. **Question:** What is the meaning of Surah At-Talaq?
    Answer: The divorce
202. **Question:** What is the meaning of Surah At-Tahrim?
    Answer: The prohibition
203. **Question:** What is the meaning of Surah Al-Mulk?
    Answer: The sovereignty
204. **Question:** What is the meaning of Surah Al-Qalam?
    Answer: The pen

205. **Question:** What is the meaning of Surah Al-Haqqah?
    Answer: The reality
206. **Question:** What is the meaning of Surah Al-Ma'arij?
    Answer: The ascending stairways
207. **Question:** What is the meaning of Surah Ash-Shams?
    Answer: The sun
208. **Question:** What is the meaning of Surah Al-Lail?
    Answer: The night
209. **Question:** What is the meaning of Surah Ad-Duhaa?
    Answer: The morning brightness
210. **Question:** What is the meaning of Surah Ash-Sharh/ Al-Inshirah?
    Answer: The opening of the breast
211. **Question:** What is the meaning of Surah At-Tin?
    Answer: The fig
212. **Question:** What is the meaning of Surah Al-'Alaq?
    Answer: The clot
213. **Question:** What is the meaning of Surah Al-Qadr?
    Answer: The power
214. **Question:** What is the meaning of Surah Al-Bayyinah?
    Answer: The clear proof
215. **Question:** What is the meaning of Surah Al-Zalzalah/ Az-Zilzilah?
    Answer: The earthquake
216. **Question:** What is the meaning of Surah Al-Adiyat?
    Answer: The courses
217. **Question:** What is the meaning of Surah Al-Qariah?
    Answer: The calamity
218. **Question:** What is the meaning of Surah At-Takathur/Takasur?
    Answer: The increasement of rivalry in the world
219. **Question:** What is the meaning of Surah Al-'Asr?
    Answer: The declining day/Afternoon
220. **Question:** What is the meaning of Surah Al-Humazah?
    Answer: The traducer
221. **Question:** What is the meaning of Surah Al-Fil?
    Answer: The elephant
222. **Question:** What is the meaning of Surah Quraish?
    Answer: Quraish

223. **Question:** What is the meaning of Surah Al-Ma'un?
Answer: The small kindness
224. **Question:** What is the meaning of Surah Al-Kawthar/Kausar?
Answer: The Heavenly Fount
225. **Question:** What is the meaning of Surah Al-Kafirun?
Answer: The disbelievers
226. **Question:** What is the meaning of Surah Al-A'raf?
Answer: The heights
227. **Question:** What is the meaning of Surah Al-Anfal?
Answer: The spoils of war
228. **Question:** What is the meaning of Surah At-Tawba?
Answer: The repentance
229. **Question:** What is the meaning of Surah As-Sajdah?
Answer: The prostration
230. **Question:** What is the meaning of Surah Al-Ahzab?
Answer: The combined forces
231. **Question:** What is the meaning of Surah Fatir?
Answer: Originator
232. **Question:** What is the meaning of Surah As-Saffat?
Answer: Those who set the ranks
233. **Question:** What is the meaning of Surah Az-Zumar?
Answer: The troops
234. **Question:** What is the meaning of Surah Fussilat/Ha-Mim?
Answer: No one knows except Allah
235. **Question:** What is the meaning of Surah Ash-Shura?
Answer: The consultation
236. **Question:** What is the meaning of Surah Az-Zukhruf?
Answer: The ornaments of gold
237. **Question:** What is the meaning of Surah Ad-Dukhan?
Answer: The smoke
238. **Question:** What is the meaning of Surah Al-Jathiyah/Jasiyah?
Answer: The crouching
239. **Question:** What is the meaning of Surah Al-Ahqaf?
Answer: The wind curved sandhills
240. **Question:** What is the meaning of Surah Muhammad?
Answer: Muhammad

241. **Question:** What is the meaning of Surah Al-Fath?
    Answer: The victory
242. **Question:** What is the meaning of Surah Al-Hujurat?
    Answer: The rooms
243. **Question:** What is the meaning of Surah Al-Jinn?
    Answer: Jinn
244. **Question:** What is the meaning of Surah Al-Muzzammil?
    Answer: The enshrouded one
245. **Question:** What is the meaning of Surah Al-Muddaththir/Mudassir?
    Answer: The cloaked one
246. **Question:** What is the meaning of Surah Al-Qiyamah?
    Answer: The resurrection
247. **Question:** What is the meaning of Surah Al-Insan/Ad-Dahr?
    Answer: Man, and Endless time
248. **Question:** What is the meaning of Surah Al-Mursalat?
    Answer: The emissaries
249. **Question:** What is the meaning of Surah An-Naba?
    Answer: The Tidings
250. **Question:** What is the meaning of Surah An-Nazi'at?
    Answer: Those who drag forth
251. **Question:** What is the meaning of Surah Abasa?
    Answer: He Frowned
252. **Question:** What is the meaning of Surah At-Takwir?
    Answer: The Overthrowing
253. **Question:** What is the meaning of Surah Al-Infitar?
    Answer: The Cleaving
254. **Question:** What is the meaning of Surah Al-Mutaffifin?
    Answer: The Defrauding
255. **Question:** What is the meaning of Surah Al-Inshiqaaq?
    Answer: The sundering
256. **Question:** What is the meaning of Surah Al-Buruj?
    Answer: The mansions of starts
257. **Question:** What is the meaning of Surah At-Tariq?
    Answer: The night comer
258. **Question:** What is the meaning of Surah Al-A'la?
    Answer: The most high

259. Question: What is the meaning of Surah Al-Ghashiyah?

Answer: The overwhelming

260. Question: What is the meaning of Surah Al-Fajr?

Answer: The Dawn

261. Question: What is the meaning of Surah Al-Balad?

Answer: The city

262. Question: What is the meaning of Surah An-Nasr?

Answer: "Help" or "Divine Support"

263. Question: What is the meaning of Surah Al-Masad/Lahab?

Answer: The Palm Fiber

264. Question: What is the meaning of Surah Al-Ikhlas?

Answer: The Unity

265. Question: What is the meaning of Surah Al-Falaq?

Answer: The Dawn or Day Break

266. Question: What is the meaning of Surah An-Nas?

Answer: Mankind

267. Question: Who is called the first mufassir?

Answer: Prophet Muhammad (PBUH)

268. Question: Whom does Allah mean by Mudassir?

Answer: Prophet Muhammad (PBUH)

269. Question: Which Sahabi was the first to recite Quran aloud in Makka?

Answer: Abdullah Bin Mas'ud

270. Question: Which Surah of the Quran was the reason of Umar's acceptance of Islam?

Answer: Surah Ta-Ha (Surah no 20)

271. Question: Who is the father of Muslim nation?

Answer: Hazrat Ibrahim (AS).

مِلَّةَ أَبِيكُمْ إِبْرَاهِيمَ هُوَ سَمَّاكُمُ الْمُسْلِمِينَ مِن قَبْلُ وَفِي هَذَا

272. Question: In what form does Allah create the world?

Answer: Like a bed

273. Question: In what form does Allah create the sky?

Answer: Like a roof

274. Question: In which Surah of which verse Allah called the Quran "Hablillah"?

Answer: Surah Al-Imran verse no 103

275. Question: Which tree did Mariyam Shake?

Answer: Date tree (Surah Maryam verse no 25)

276. **Question:** Which woman is the only one, mentioned in Quran as "Siddiqa or truthful"?
Answer: Mariyam (AS)

277. **Question:** How many advice Hazrat Luqman (AS) gave his son in Surah Luqman?
Answer: 10 advices
1. …O my son! Join not in worship others with God. Verily! Joining others in worship with God is a great wrong indeed. (Quran 31:13)
2. And we have enjoined on man to be dutiful and good to his parents… (Quran 31:14)
3. O my son! If it be (anything) equal to the weight of a grain of mustard seed, and though it be in a rock, or in the heavens or in the earth, Allah will bring it forth… (Quran 31:16)
4. O my son! Offer prayer perfectly… (31:17)
5. …enjoin on people all that is good and forbid them from all that is evil… (31:17)
6. …and bear with patience whatever befalls you… (31:17)
7. And turn not your face away from men with pride… (31:18)
8. …nor walk in insolence through the earth. Verily, Allah likes not any arrogant boaster. (31:18)
9. And be moderate (or show no insolence) in your walking… (Quran 31:19)
10. …and lower your voice. Verily, the harshest of all voices is the braying of the asses. (31:19)

আল কুরআন

1. প্রশ্নঃ কুরআন শব্দের অর্থ কী?

উত্তরঃ আল কুরআন শব্দটি আল করউ (القرء) শব্দমূল থেকে নির্গত।এর অর্থ দুটি ১. পড়া।২.একত্রিত করা প্রথমটি হিসেবে আল কুরআন অর্থ হবে, 'যা পড়া হয়' বা 'পঠিত'।

আর দ্বিতীয়টি হিসেবে আল কুরআন অর্থ হবে 'যেখানে একত্রিত করা হয়েছে' বা 'সমষ্টি'।কেননা আল কুরআন পূর্বাপর সকল জ্ঞানের সারনির্যাসের সমষ্টি।

2. প্রশ্নঃ পবিত্র কুরআনুল কারীমে কতটি সূরা আছে?

উত্তরঃ ১১৪টি

3. প্রশ্নঃ কুরআনের পারা কয়টি?

উত্তরঃ ৩০ পারা

4. প্রশ্নঃ আল কুরআনের মঞ্জিল কতটি?

উত্তরঃ ৭টি

5. প্রশ্নঃ মাক্কী সূরার সংখ্যা কত?

উত্তরঃ ৮৬টি সূরা

6. প্রশ্নঃ মাদানী সূরার সংখ্যা কত?

উত্তরঃ ২৮টি সূরা

7. প্রশ্নঃ সম্পূর্ণ কুরআন কোন রাতে অবতীর্ণ হয়?

উত্তরঃ মহিমান্বিত কদরের রাতে

8. প্রশ্নঃ আল কুরআন কত হিজরি পূর্বে নাযিল হয়?

উত্তরঃ আল কুরআন হিজরিপূর্ব ১৩ সনে (৬১০ খ্রিষ্টাব্দ)

9. প্রশ্নঃ আল কুরআনের বাণী রসূল (সাঃ) -এর কাছে কে নিয়ে আসতেন?

উত্তরঃ হযরত জিবরাঈল (আ.)

10. প্রশ্নঃ হযরত জিবরাঈল (আ.) যে সাহাবীর আকৃতি ধারণ করে ওহী নিয়ে আসতেন তার নাম কী?

উত্তরঃ দাহইয়াতুল কালবী (রা.)

11. প্রশ্নঃ ওহীর কোন পদ্ধতি রসূল (সাঃ)-এর জন্য কষ্টদায়ক ছিল?

উত্তরঃ ঘণ্টাধ্বনির মতো করে যখন তার কাছে ওহী আসতো

12. প্রশ্নঃ আল কুরআন আরবি ভাষায় নাযিল হওয়ার কারণ কী?

উত্তরঃ মহানবী (সাঃ)-এর ভাষা আরবি ছিল বিধায়

13. প্রশ্নঃ কুরআন কোন ধরনের ওহী?

উত্তরঃ ওহীয়ে মাতলু।অর্থাৎ এমন ওহী যা নামাযে পাঠ করা হয়

14. প্রশ্নঃ আল কুরআনের উৎস কোনটি?

উত্তরঃ আল্লাহর পক্ষ থেকে ওহী। কুরআনের প্রতিটি বাক্য সরাসরি আল্লাহর পক্ষ থেকে জিব্রাঈল ফেরেস্তার মাধ্যমে ইসলামের নবী মুহাম্মাদের ওপর মক্কা ও মদীনার বিভিন্ন স্থানে নাযিল করা ইসলামী আইনশাস্ত্রের প্রথম এবং সবচেয়ে গুরুত্বপূর্ণ গ্রন্থ।কুরআনে নৈতিক, দার্শনিক, সামাজিক, রাজনৈতিক ও অর্থনীতি ভিত্তিক বিভিন্ন দিকনির্দেশনা দেওয়া হয়েছে, যা একটি সমাজ নির্মাণের কাজের জন্য যথেষ্ঠ।

15. প্রশ্নঃ আল কুরআনের মূল তাফসীর কোনটি?

উত্তরঃ আল কুরআন

16. প্রশ্নঃ পবিত্র কুরআন কত বছরে নাযিল হয়?

উত্তরঃ ২৩ বছরে

17. প্রশ্নঃ পবিত্র কুরআনের সর্বপ্রথম কোন আয়াত নাযিল হয়?

উত্তরঃ সূরা আলাকের প্রথম পাঁচ আয়াত

18. প্রশ্নঃ পবিত্র কুরআনের কোন আয়াতটি সর্বশেষ নাযিল হয়?

উত্তরঃ আল্লাহ্ বলেন,

(وَاتَّقُوا يَوْمًا تُرْجَعُونَ فِيهِ إِلَى اللَّهِ ثُمَّ تُوَفَّىٰ كُلُّ نَفْسٍ مَا كَسَبَتْ وَهُمْ لَا يُظْلَمُونَ)

সূরা বাক্বারার ২৮১ নং আয়াত

(ইবনু আবী হাতেম সাঈদ বিন জুবাইর (রাঃ) থেকে বর্ণনা করেন যে, এই আয়াত নাযিল হওয়ার পর নবী (সাল্লাল্লাহু আলাইহি ওয়া সাল্লাম) নয় দিন জীবিত ছিলেন - আল ইতক্বান ফি উলূমিল কুরআন)

19. প্রশ্নঃ পবিত্র কুরআনের সর্বপ্রথম কোন সূরাটি পূর্ণাঙ্গরূপে নাযিল হয়?

উত্তরঃ সূরা আল ফাতিহা

20. প্রশ্নঃ পবিত্র কুরআনের প্রথম সূরার নাম কি?

উত্তরঃ সূরা আল ফাতিহা

21. প্রশ্নঃ পবিত্র কুরআনের সবচেয়ে বড় সূরার নাম কি?

উত্তরঃ সূরা আল বাকারা (২ নং সূরা)

22. প্রশ্নঃ পবিত্র কুরআনের সবচেয়ে ছোট সূরার নাম কি?

উত্তরঃ সূরা আল কাওসার (১০৮ নং সূরা)

23. প্রশ্নঃ সর্বশেষ কোন সূরা নাযিল হয়?

উত্তরঃ সূরা আন নাসর (১১০ নং সূরা)

24. প্রশ্নঃ পবিত্র কুরআনের মধ্যে সবচেয়ে বড় আয়াত কোনটি কোন সূরায়?

উত্তরঃ সূরা আল বাক্বারার ২৮২ নং আয়াত

25. প্রশ্নঃ পবিত্র কুরআনের মধ্যে সবচেয়ে ফযীলতপূর্ণ আয়াত কোনটি?

উত্তরঃ আয়াতুল কুরসী (সূরা আল বাক্বারা ২৫৫ নং আয়াত)

26. প্রশ্নঃ ফরয নামাযান্তে কোন আয়াতটি পাঠ করলে, মৃত্যু ছাড়া জান্নাতে যেতে কোন বাধা থাকে না?

উত্তরঃ আয়াতুল কুরসী

27. প্রশ্নঃ পবিত্র কুরআনের কোন্ সূরাটি পাঠ করলে কবরের আযাব থেকে রক্ষা পাওয়া যাবে?

উত্তরঃ সূরা আল মুলক (৬৭নং সূরা)

28. প্রশ্নঃ পবিত্র কুরআনের কোন সূরাটি জুমআর দিন বিশেষভাবে পাঠ করা মুস্তাহাব?

উত্তরঃ সূরা আল কাহাফ(১৮ নং সূরা)

29. প্রশ্নঃ পবিত্র কুরআনের কোন সূরার প্রথমাংশ তেলাওয়াতকারীকে দাজ্জালের ফেতনা থেকে রক্ষা করবে?

উত্তরঃ সূরা আল কাহাফের প্রথম দশ আয়াত (১৮ নং সূরা)

30. প্রশ্নঃ পবিত্র কুরআনের কোন দু' টি সূরা জুমআর দিন ফজরের নামাযে তেলাওয়াত করা সুন্নাত?

উত্তরঃ সূরা আস-সাজদা (৩২ নং সূরা) ও আদ-দাহার (৭৬ নং সূরা)

31. প্রশ্নঃ পবিত্র কুরআনের কোন দু' টি সূরা জুমআর নামাযে তেলাওয়াত করা সুন্নাত?

উত্তরঃ সূরা আল আ' লা (৮৭ নং সূরা) ও আল গশিয়া (৮৮ নং সূরা)

32. প্রশ্নঃ কোন সূরার শেষ দুই আয়াত কোন মানুষ রাত্রে পাঠ করলে তার জন্য যথেষ্ট হবে?

উত্তরঃ সূরা আল বাক্বারার শেষের দুই আয়াত (২৮৫ ও ২৮৬ নং আয়ত)

33. প্রশ্নঃ পবিত্র কুরআনের কোন সূরার প্রতি ভালবাসা মানুষকে জান্নাতে নিয়ে যাবে?

উত্তরঃ সূরা আল ইখলাস (১১২ নং সূরা)

34. প্রশ্নঃ আল কুরআনের অবতরণ সমাপ্ত হয় কখন?

উত্তরঃ ১০ম হিজরির সফর মাসে

35. প্রশ্নঃ পবিত্র কুরআনে কতটি সিজদা আছে এবং কোন কোন সূরায়?

উত্তরঃ ১৪টি

① সূরা আল আ' রাফ (৭ নং সুরার ২০৬নং আয়াত)

② সূরা আর রা' দ (১৩ নং সুরার ১৫নং আয়াত)

③ সূরা আন নাহাল (১৬ নং সুরার ৪৯নং আয়াত)

④ সূরা বনী ইসরাঈল (১৭ নং সুরার ১০৭নং আয়াত)

⑤ সূরা মারইয়াম (১৯ নং সুরার ৫৮নং আয়াত)

⑥ সূরা আল হাজ্জ (২২ নং সুরার ১৮নং আয়াত)

⑦ সূরা আল ফুরক্বান (২৫ নং সুরার ৬০নং আয়াত)

⑧ সূরা আন নামাল (২৭ নং সুরার ২৫নং আয়াত)

⑨ সূরা আস সাজিদা (৩২ নং সুরার ১৫নং আয়াত)

⑩ সূরা সোয়াদ (৩৯ নং সুরার ২৪নং আয়াত)

⑪ সূরা হা-মীম আস সাজদাহ (৪১ নং সুরার ৩৭নং আয়াত)

⑫ সূরা আন নাজম (৫৩ নং সুরার ৬২নং আয়াত)

⑬ সূরা আল ইনশক্বিাক (৮৪ নং সুরার ২১নং আয়াত)

⑭ সূরা আল আলাক (৯৬ নং সুরার ১৯নং আয়াত)

36. প্রশ্নঃ পবিত্র কুরআনের কোন সূরায় প্রথম সেজদা পাওয়া যায়?

উত্তরঃ সূরা আল আ' রাফ (৭ নং সূরা)

37. প্রশ্নঃ মাদানি সূরায় কতটি সেজদা রয়েছে?

উত্তরঃ ৩টি।

সূরা আল হাজ্জে ২টি ও সূরা আর রা' দে ১টি

38. প্রশ্নঃ কোন সূরায় দু' টি সিজদা রয়েছে?

উত্তরঃ সূরা আল হজ্জ (২২ নং সুরার ১৮ ও ইমাম শাফীর মতে ৭৭ নং আয়াত)

39. প্রশ্নঃ সূরা আল বাকারায় কতটি আয়াত ও রুকু আছে?

উত্তরঃ ২৮৬টি আয়াত ও ৪০টি রুকু আছে

40. প্রশ্নঃ মাক্কী সূরা ও মাদানী সূরা বলতে কি বুঝায়?

উত্তরঃ **মাক্কীঃ** মদীনায় হিজরতের পূর্বে যা নাযিল হয়েছে

মাদানীঃ মদীনায় হিজরতের পর যা নাযিল হয়েছে

41. প্রশ্নঃ মাক্কী সূরার মৌলিক বৈশিষ্ট কি কি?

উত্তরঃ মাক্কী সূরার মৌলিক বৈশিষ্ট্য গুলো দেওয়া হলোঃ

১) তাওহীদ এবং আল্লাহর ইবাদতের প্রতি আহবান।জান্নাত-জাহান্নামের আলোচনা এবং মুশরিকদের সাথে বিতর্ক।

২) মুশরকিদের খুন-খারাবী, ইয়াতীমের সম্পদ ভক্ষণ প্রভৃতি কর্মের নিন্দাবাদ।

৩) সংক্ষিপ্ত বাক্য অথচ অতি উচ্চাঙ্গের সাহিত্য সমৃদ্ধ।

৪) নবী মুহাম্মাদ (সাঃ)কে সান্তনা দেয়া ও উপদেশ গ্রহণ করার জন্য ব্যাপকভাবে নবী-রাসূলদের কাহিনীর অবতারনা, এবং কিভাবে তাঁদের সমপ্রদায়ের লোকেরা তাঁদেরকে মিথ্যাবাদী বলেছে ও কষ্ট দিয়েছে তার বর্ণনা।

42. প্রশ্নঃ মাদানী সূরার মৌলিক বৈশিষ্ট কি কি বা পরিচয়ের নিয়ম কি?

উত্তরঃ মাদানী সূরার মৌলিক বৈশিষ্ট গুলো হলোঃ

(১) ইবাদত, আচার-আচরণ, দন্ডবিধি, জিহাদ, শান্তি, যুদ্ধ, পারিবারিক নিয়ম-নীতি, শাসন প্রণালী অন্যান্য বিধি-বিধানের আলোচনা।

(২) আহলে কিতাব তথা ইহুদী খৃষ্টানদেরকে ইসলামের প্রতি আহবান।

(৩) মুনাফেকদের দ্বিমুখী নীতির মুখোশ উম্মোচন এবং ইসলামের জন্য তারা কত ভয়ানক তার আলোচনা।

(৪) সংবিধান প্রণয়ণের ধারা ও তার লক্ষ্য-উদ্দেশ্য নির্ধারণ করার জন্য দীর্ঘ আয়াতের অবতারণা।

(৫) যে সকল সূরা " يَا أَيُّهَا الَّذِينَ آمَنُو " দ্বারা আরম্ভ হয়েছে।

43. প্রশ্নঃ তাফসীর শব্দের অর্থ কী?

উত্তরঃ প্রকাশ করা, পরিষ্কারভাবে ব্যাখ্যা করা

44. প্রশ্নঃ কোন প্রকারের তাফসীরকে কুরআনের সর্বোত্তম তাফসীর বলা হয়?

উত্তরঃ কুরআনের এক আয়াত দিয়ে অন্য আয়াতকে ব্যাখ্যা করা

45. প্রশ্নঃ কুরআনে আয়াতগুলোকে তাফসীর করা না করার দিক থেকে কত প্রকার?

উত্তরঃ দুই প্রকার। **محكم و متشابه**

১. মুহকাম;

২. মুতাশাবিহ

46. প্রশ্নঃ কোন ধরনের আয়াতকে মুহকাম বলা হয়?

উত্তরঃ যে সকল আয়াতের ব্যাখ্যা বা সম্ভাব্য ব্যাখ্যা জানা সম্ভব

47. প্রশ্নঃ মুতাশাবিহ বলা হয় কোন ধরনের আয়াতকে?

উত্তরঃ চেষ্টা করেও যার ব্যাখ্যা জানা সম্ভব নয়

48. প্রশ্নঃ মুতাশাবিহ কুরআনে থাকার উদ্দেশ্য কী?

উত্তরঃ এটি আল্লাহর পক্ষ থেকে অবিশ্বাসীর প্রতি একটি চ্যালেঞ্জ।এই অক্ষরগুলো আরবী বর্ণমালার হওয়া সত্ত্বেও এর অর্থ কেউ জানে না

49. প্রশ্নঃ মুতাশাবিহ সম্পর্কে মুমিনদের কী বিশ্বাস থাকা উচিত?

উত্তরঃ মুমিনরা বিশ্বাস করবে এগুলো আল্লাহর পক্ষ থেকে।এর অর্থ আল্লাহই ভালো জানেন।

50. প্রশ্নঃ মুতাশাবিহের কয়েকটি উদাহরণ দাও

উত্তরঃ

হা-মীম

(৪৪:১) কখনও কখনও তিনটি অক্ষর উল্লেখ করা হয়েছে, যেমন

আলিফ-লাম-মীম (২:১) এবং চারটি অক্ষর যেমন,

আলিফ-লাম-মীম-রা (১৩:১) এবং

আলিফ-লাম-মীম-সাদ (৭:১)।

কখনও কখনও পাঁচটি অক্ষর উল্লেখ করা হয়েছে, যেমন

কাফ-হা-ইয়া-আইন-সাদ (১৯:১) এবং

হা-মীম - আইন-সীন-কাফ (৪২:১-২)।

এটি এই কারণে যে কথ্য ভাষায় ব্যবহৃত শব্দগুলি সাধারণত এক, দুই, তিন, চার, বা পাঁচটি অক্ষর নিয়ে গঠিত হয়।

51. প্রশ্নঃ শানে নুযুল বলতে কী বুঝায়?

উত্তরঃ আল কুরআন নাযিলের প্রেক্ষাপটকে বুঝায়

52. প্রশ্নঃ মূল কুরআন কী রকম ছিল?

উত্তরঃ মূল কুরআনে অক্ষরের ওপরে বা নিচে কোনো চিহ্ন ছিল না।অনারবদের পড়ার সুবিধার জন্য যের, যবর, পেশ, তাশদীদ ইত্যাদি চিহ্নের প্রচলন করা হয়।

53. প্রশ্নঃ জামিউল কুরআন কাকে বলা হয়?

উত্তরঃ হযরত উসমান (রা.)-কে

54. প্রশ্নঃ কোন ঘটনার কারণে কুরআন সংকলনের প্রয়োজনীয়তা ভীষণভাবে অনুভূত হয়?

উত্তরঃ ইয়ামামার যুদ্ধ। কারণ এই যুদ্ধে ৭০ জন হাফেজে কুরআন শাহাদাতবরণ করেন

55. প্রশ্নঃ পবিত্র কুরআন প্রথম যুগে কিভাবে সংরক্ষিত ছিল?

উত্তরঃ সাহাবায়ে কেরামের স্মৃতিতে, লিখিত অবস্থায় চামড়ায়, হাড়ে, পাতায় এবং পাথরে

56. প্রশ্নঃ যারা আল কুরআন মুখস্থ করেন তাদেরকে কী বলে?

উত্তরঃ হাফেজ

57. প্রশ্নঃ রাসূলুল্লাহ্ (সাঃ) এর ওহী লেখক কে কে ছিলেন?

উত্তরঃ আলী বিন আবী তালেব, মুআবিয়া বিন আবী সুফিয়ান, যায়েদ বিন সাবেত ও উবাই বিন কা'ব (রাঃ) প্রমুখ

58. প্রশ্নঃ রসূলুল্লাহ (সাঃ)-এর যুগে সবচেয়ে বয়স্ক ওহী লেখক কে ছিলেন?

উত্তরঃ হযরত যায়েদ বিন সাবিত (রা.)

59. প্রশ্নঃ হযরত যায়েদ বিন সাবিত (রা.)-কে কতবার কুরআন সংকলনের কাজে নিয়োগ দেওয়া হয়?

উত্তরঃ দুইবার

60. প্রশ্নঃ আবু বকর (রা.) কার পরামর্শে কুরআন সংকলন করেন?

উত্তরঃ উমর (রা.)-এর

61. প্রশ্নঃ উসমান (রা.) কয় সদস্যবিশিষ্ট কুরআন সংকলন বোর্ড গঠন করেন এবং কে কে ছিলেন?

উত্তরঃ ৪ সদস্যবিশিষ্ট এবং আলী বিন আবী তালেব, মুআবিয়া বিন আবী সুফিয়ান, যায়েদ বিন সাবেত ও উবাই বিন কা'ব (রাঃ) প্রমুখ ছিলেন।

62. প্রশ্নঃ আবু বকর (রা.)-এর খিলাফতকালে কত বছর ধরে কুরআন সংকলনের কাজ চলে?

উত্তরঃ ১ বছর

63. প্রশ্নঃ কোন যুগে কার নির্দেশে কুরআনের অক্ষরে নুকতা দেয়া হয়?

উত্তরঃ উমাইয়া খলীফা আবদুল মালিকের যুগে হাজ্জাজ বিন ইউসূফের নির্দেশে একাজ হয়

64. প্রশ্নঃ কুরআনে নুকতা দেয়ার কাজটি কে করেন?

উত্তরঃ নসর বিন আসিম আল লাইসি / আবুল আসওাদ আদদুওয়ালা

65. প্রশ্নঃ কুরআনে কে হরকত (যের ,যবর, পেশ ইত্যাদি) সংযোজন করেন?

উত্তরঃ খলীল বিন আহমাদ আল ফারাহীদী (রহঃ)

66. প্রশ্নঃ সর্বপ্রথম কে কুরআনকে মাসহাফ নামে নামকরণ করেছেন?

উত্তরঃ আবু বকর আস-সিদ্দিক (রা.)

67. প্রশ্নঃ সূরা ফাতিহায় 'মাগদূবি আলাইহিম' বলতে কাদেরকে বোঝানো হয়েছে এবং 'দ্বা-ল্লীন' বলতে কাদেরকে বোঝানো হয়েছে?

উত্তরঃ 'মাগদূবি আলাইহিম' বলতে ইহুদীদেরকে এবং 'দ্বা-ল্লীন' বলতে খৃষ্টানদেরকে বোঝানো হয়েছে

68. প্রশ্নঃ মুনাফেকদের আলোচনা কোন সূরাগুলোতে বেশি এসেছে?

উত্তরঃ মাদানি সূরাগুলোতে

69. প্রশ্নঃ যে রাতে আল্লাহ কুরআন অবতীর্ণ করেছেন সেই রাতটিকে আল্লাহ তাআলা কয়টি গুণে গুণান্বিত করেছেন এবং কী কী?

উত্তরঃ দুটি

১. লাইলাতুম মুবারাকাহ ;

২. লাইলাতুল কদর

70. প্রশ্নঃ প্রশ্নঃ কোন দুটি সূরায় আল্লাহ তাআলা আকাশের নামে কসম করেছেন?

উত্তরঃ সূরা আল বুরূজ ও সূরা আত ত্বরিক (৮৫ ও ৮৬ নং সূরা)

71. প্রশ্নঃ কোন সূরায় আল্লাহ তাআলা উদ্ভিদের নামে কসম করেছেন?

উত্তরঃ সূরা আত ত্বীন

72. প্রশ্নঃ পবিত্র কুরআনে কয়টি জান্নাতের নাম উল্লেখ আছে?

উত্তরঃ পবিত্র কুরআনে মোট ৮টি জান্নাতের নাম উল্লেখ আছে। এগুলো হলো-

- ✧ জান্নাতুল ফিরদাউস (আল-কাহফ [১৮:১০৭] আল-মু' মিনূন [২৩:১১])
- ✧ জান্নাতুল / দারুল মাকাম (ফাতির [৩৫:৩৫])
- ✧ জান্নাতুল / দারুল কারার (আল-আনকাবূত [২৯:৬৪])
- ✧ জান্নাতুল / দারুস সালাম (ইউনুস [১০:২৫] আল আনআম [৬:১২৭])
- ✧ জান্নাতুল মাওয়া (আন-নাজম [৫৩:১৫])
- ✧ জান্নাতুল / দারুন নাঈম (সূরা আল-মায়িদাহ [৫:৬৫] ইউনুস [১০:০৯] আল-হাজ্জ [২২:৫৯])
- ✧ জান্নাতুল / দারুল খুলদ (আল-ফুরকান [২৫:১৫])
- ✧ জান্নাতুল আদন (আত-তাওবাহ্ [৩:৭২] আর-রাদ [১৩:২৩])

73. প্রশ্নঃ পবিত্র কুরআনে উল্লেখ করা হয়েছে জাহান্নামের নাম গুলো কি কি?

উত্তরঃ পবিত্র কুরআনে জাহান্নামের ৭টি নাম নিচে উল্লেখ করা হলোঃ

- ✧ হাভিয়া (সূরা আল কারিয়া ১০১: ৯)
- ✧ জাহিম (সূরা আন নাযিয়াত ৭৯: ৪০)
- ✧ সাঈর (সূরা আন নিসা ৪: ১০)
- ✧ জাহান্নাম (সূরা আন নাবা ৭৮: ২১)
- ✧ লাযা (সূরা আল মাআরেজ ৭০: ১৫)
- ✧ সাক্বার (সূরা আল মুদ্দাসসির ৭৪: ৪২)
- ✧ হুতামা (সূরা আল হুমাযাহ ১০৪: ৪)

74. প্রশ্নঃ পবিত্র কুরআনে ছয়জন ব্যক্তির নাম উল্লেখ আছে যাঁরা সকলেই নবীর পুত্র নবী ছিলেন তাদের নাম কি কি?

উত্তরঃ পবিত্র কুরআনে ছয়জন ব্যক্তির নাম উল্লেখ আছে যাঁরা সকলেই নবীর পুত্র নবী ছিলেন তাদের নামঃ

① ইবরাহীমের পুত্র ইসমাঈল
② ইবরাহীমের পুত্র ইসহাক,
③ ইসহাকের পুত্র ইয়াকূব
④ ইয়াকূবের পুত্র ইউসুফ,
⑤ যাকারিয়ার পুত্র ইয়াহইয়া ও
⑥ দাউদের পুত্র সুলাইমান (আলাইহিমুস্ সালাম)

75. প্রশ্নঃ 'মুহাম্মাদ' (সাল্লাল্লাহু আলাইহি ওয়া সাল্লাম) এর নাম পবিত্র কুরআনে কত স্থানে উল্লেখ হয়েছে?

উত্তরঃ চার স্থানে।

- ✧ সূরা আল ইমরান আয়াত- ১৪৪
- ✧ সূরা আল আহযাব আয়াত নং ৪০
- ✧ সূরা মুহাম্মাদ আয়াত নং ২
- ✧ সূরা আল ফাতাহ্ আয়াত নং ২৯

76. প্রশ্নঃ পবিত্র কুরআনে কতজন নবীর নাম উল্লেখ করা হয়েছে?

উত্তরঃ ২৫ জন

77. প্রশ্নঃ কুরআনের কোন সূরায় মুবাহালার (পারস্পারিক অভিশাপ দেয়ার) আয়াত রয়েছে?

উত্তরঃ সূরা আলে ইমরান- আয়াত নং- ৬১

78. প্রশ্নঃ কোন্ সূরা সম্পর্কে ইমাম শাফেঈ বলেন, "মানুষের জন্য এ সূরাটি ব্যতীত অন্য সূরা নাযিল না হলেও যথেষ্ট ছিল" ?

উত্তরঃ সূরা আল আসর (১০৩ নং সূরা)

79. প্রশ্নঃ কুরআনের কয়টি সুরা প্রশ্ন দ্বারা শুরু হয়েছে এবং সে গুলো কী কী?

উত্তরঃ ৬টি।যথা-

- ➢ ১. সূরা আন নাবা (৭৮ নং সূরা)
- ➢ ২. সূরা আল গাশিয়াহ (৮৮ নং সূরা)
- ➢ ৩. সূরা আল ইনশিরাহ (৯৪ নং সূরা)
- ➢ ৪. সূরা আল ফীল (১০৫ নং সূরা)
- ➢ ৫. সূরা আল মাউন (১০৭ নং সূরা)
- ➢ ৬. সূরা আদ দাহর (৭৬ নং সূরা)

80. প্রশ্নঃ পবিত্র কুরআনের কোন সূরাটি কুরআনের এক তৃতীয়াংশের সমান?

উত্তরঃ সূরা আল ইখলাস (১১২ নং সূরা)

81. প্রশ্নঃ কোন সূরাটি পবিত্র কুরআনের চতুর্থাংশের সমপরিমাণ?

উত্তরঃ সূরা আল কাফিরূন (১০৯ নং সূরা)

82. প্রশ্নঃ পবিত্র কুরআনের কোন্ কোন্ সূরা "আল হামদুলিল্লাহ" দ্বারা শুরু হয়েছে?

উত্তরঃ সূরা আল ফাতিহা, সূরা আল আনআম, সূরা আল কাহাফ, সূরা সাবা ও সূরা ফাতির (সূরা নং যথাক্রমে, ১,৬,১৮,৩৪ ও ৩৫)

83. প্রশ্নঃ পবিত্র কুরআনে মোট কতবার 'বিসমিল্লাহির রাহমানির রাহীম রয়েছে?

উত্তরঃ ১১৪ বার

84. প্রশ্নঃ পবিত্র কুরআনের কোন সূরায় দুবার বিসমিল্লাহির রহমানির রাহীম রয়েছে?

উত্তরঃ সূরা আন নামল (২৭ নং সূরা)

85. প্রশ্নঃ কুরআনের কোন সূরার প্রথমে বিসমিল্লাহ নেই?

উত্তরঃ সূরা আত তাওবা (৯নং সূরা)

86. প্রশ্নঃ দোয়ার মাধ্যমে কোন সূরাগুলো শেষ হয়েছে?

উত্তরঃ সূরা আল ফাতিহা (১ নং সূরা), সূরা আল বাকারা (২ নং সূরা) ও সূরা আল মু' মিনূন (২৩ নং সূরা)

87. প্রশ্নঃ কোন সূরাটি ঈসা (আ.)-এর একটি মুজেযার নামে নামকরণ করা হয়?

উত্তরঃ সূরা আল মায়িদা (৫ নং সূরা)

88. প্রশ্নঃ কোন সূরায় ইয়াজুজ-মাজুজের আলোচনা করা হয়েছে?

উত্তরঃ সূরা কাহফে (১৮ নং সূরা)

89. প্রশ্নঃ পবিত্র কুরআনের কতটি সূরায় ঐ সূরার নাম নেই?

উত্তরঃ ৩টি। সূরা আল ফাতিহা (১ নং সূরা), আল আম্বিয়া (৫ নং সূরা), আল ইখলাস (১১২ নং সূরা)

90. প্রশ্নঃ কোন সূরাকে কুরআনের জননী বলা হয়েছে?

উত্তরঃ সূরা আল ফাতিহাকে

91. প্রশ্নঃ কোন সূরাকে কুরআনের সিংহাসন বলা হয়েছে?

উত্তরঃ সূরা আল বাকারাকে (২ নং সূরা)

92. প্রশ্নঃ কুরাইশ গোত্রের নামে নামকরণ করা সূরাটির নাম কী?

উত্তরঃ সূরা আল কুরাইশ (১০৬ নং সূরা)

93. প্রশ্নঃ রানি সাবার নামে (রাণী বিলক্বীসের ঘটনা) কোন সূরার নামকরণ করা হয়?

উত্তরঃ সূরা সাবা (৩৪ নং সূরা)

94. প্রশ্নঃ প্রথম রসূলের নামে কোন সূরার নামকরণ করা হয়েছে?

উত্তরঃ সূরা নূহ (৭১ নং সূরা)

95. প্রশ্নঃ "সূরা লুকমান" কার নামে নামকরণ করা হয়েছে?

উত্তরঃ লুকমান (আ.)-এর

96. প্রশ্নঃ কোন মহিলার নামে একটি সূরা নামকরণ করা হয়?

উত্তরঃ মারইয়াম (আ.)-এর

97. প্রশ্নঃ "সূরা সোয়াদ" কত পারায় অবস্থিত?

উত্তরঃ ২৩ পারায়

98. প্রশ্নঃ সূরা ইউসুফ মাক্কি না মাদানি?

উত্তরঃ মাক্কি

99. প্রশ্নঃ সূরা ইউনুস কোথায় অবতীর্ণ হয়?

উত্তরঃ মক্কায়

100. প্রশ্নঃ "সূরা হুদ" -এ আয়াত সংখ্যা কত?

উত্তরঃ ১২৩টি

101. প্রশ্নঃ সূরা আত ত্বীন-এ আয়াত সংখ্যা কত?

উত্তরঃ ৮টি

102. প্রশ্নঃ "সূরা ইয়াসীন" -এর আয়াত সংখ্যা কত?

উত্তরঃ ৮৩টি

103. প্রশ্নঃ পবিত্র কুরআনে কতটি আয়াত আছে?

উত্তরঃ ৬৬৬৬টি (প্রচলিত মতে), ৬২৩৬টি (বিশুদ্ধ মতে)

104. প্রশ্নঃ সূরা "আল কাওসার" -এ কতটি শব্দ রয়েছে?

উত্তরঃ ১০টি

105. প্রশ্নঃ সূরা "আল ইখলাস" -এ কতটি শব্দ রয়েছে?

উত্তরঃ ১৫টি

106. প্রশ্নঃ পবিত্র কুরআনের কোন্ আয়াতে আরবী ২৯ টি অক্ষরই রয়েছে?

উত্তরঃ সূরা আল ফাতাহ এর ২৯ নং আয়াতে

107. প্রশ্নঃ পবিত্র কুরআনের কতটি সূরা হরফে মুকাত্তা' আত দ্বারা শুরু হয়েছে?

উত্তরঃ ২৯টি সূরা

108. প্রশ্নঃ আলিফ লাম মীম দ্বারা শুরু হওয়া সূরা কতটি?

উত্তরঃ ৬টি (১. সুরা বাকারা, ২. সুরা আলে ইমরান, ৩. সুরা আনকাবুত, ৪. সুরা রূম, ৫. সুরা লোকমান, ৬. সুরা সাজদা)

109. প্রশ্নঃ পবিত্র কুরআনের কোন সূরায় 'মীম' অক্ষরটি নেই?

উত্তরঃ সূরা আল কাওসার (১০৮ নং সূরা)

110. প্রশ্নঃ পবিত্র কুরআনের কোন সূরায় ك 'কাফ' অক্ষরটি নেই?

উত্তরঃ সূরা আল ফালাক(১১৩), আল কুরাইশ(১০৬) ও আল আসর(১০৩)

111. প্রশ্নঃ কোন সূরার প্রতিটি আয়াত শেষ হয়েছে হা বর্ণ দ্বারা?

উত্তরঃ সূরা আল হুমাযাহ (১০৪ নং সূরা)

112. প্রশ্নঃ কোন সূরা "বা" হরফ দ্বারা শুরু হয়েছে?

উত্তরঃ সূরা আত তাওবাহ (৯ নং সূরা)

113. প্রশ্নঃ পবিত্র কুরআনের কোন্ সূরার প্রতিটি আয়াতে "আল্লাহ্" শব্দ আছে?

উত্তরঃ সূরা আল মুজাদালা (৫৮ নং সূরা)

114. প্রশ্নঃ কুরআনের শততম সূরা কোনটি?

উত্তরঃ সূরা আল আদিয়াত

115. প্রশ্নঃ কুরআনের ধারাবাহিকতায় পঞ্চাশতম সূরার নাম কী?

উত্তরঃ সূরা ক্বাফ

116. প্রশ্নঃ ধারাবাহিকতার দিক থেকে কুড়িতম সূরার নাম কী ?

উত্তরঃ সূরা ত্বাহা

117. প্রশ্নঃ আল্লাহর গুণবাচক নাম "আল ওয়াদূদ" এর অর্থ কি এবং কুরআনে কতবার উল্লিখিত হয়েছে?

উত্তরঃ বান্দাদের প্রতি সদয়, প্রেমময়, পরম স্নেহশীল।কুরআনে একবার (সূরা বুরূজ) উল্লিখিত হয়েছে।

118. প্রশ্নঃ আল্লাহর গুণবাচক নাম "আস-সালাম" এর অর্থ কি?

উত্তরঃ নিরাপত্তা-দানকারী, শান্তি-দানকারী, ত্রাণকর্তা, দোষমুক্ত।

119. প্রশ্নঃ আল কুরআনে আল্লাহর সিফাতী নাম "আর-রহীম" এর অর্থ কি?

উত্তরঃ অতিশয়-মেহেরবান, অতি দয়ালু।

120. প্রশ্নঃ আল্লাহ তাআলার গুণবাচক নাম "আর রহমান" এর অর্থ কি?

উত্তরঃ পরম দয়ালু, পরম করুণাময়, সবচেয়ে দয়ালু, কল্যাণময়।

121. প্রশ্নঃ আল্লাহর গুণবাচক নাম "আল মু'মিন" এর অর্থ কি এবং কুরআনে কতবার উল্লিখিত হয়েছে?

উত্তরঃ নিরাপত্তা ও ঈমান দানকারী, জামিনদার, সত্য ঘোষণাকারী।গুণবাচক নাম হিসেবে একবার এসেছে (সূরা আল হাশর-এ)।

122. প্রশ্নঃ আল্লাহর গুণবাচক নাম "আল জাব্বার" এর অর্থ কি এবং কুরআনে কতবার উল্লিখিত হয়েছে

উত্তরঃ দুর্নিবার, মহাপ্রতাপশালী, অতীব মহিমান্বিত।গুণবাচক নাম হিসেবে একবার (সূরা আল হাশর-এ) এসেছে।

123. প্রশ্নঃ আল্লাহর গুণবাচক নাম 'আল খালিক' শব্দের অর্থ কি?

উত্তরঃ সৃষ্টিকর্তা, সৃষ্টিকারী। আল-খালিক হলেন যিনি সমস্ত সৃষ্টিজগত সৃজন করেছেন, তিনি পূর্ব আকৃতি ব্যতীত এগুলোকে সৃষ্টি করেছেন, তাঁর হিকমত অনুসারে তিনি সেগুলোকে সুবিন্যস্ত ও সুকাঠামো গঠন করেছেন, তিনি তাঁর প্রজ্ঞা অনুসারে সৃষ্টিজগতকে আকৃতি দান করেন যখন তারা অস্তিত্বে ছিল না।তিনি এ মহান গুণে সর্বদা ছিলেন ও থাকবেন।

124. প্রশ্নঃ আল্লাহর গুণবাচক নাম 'আল-খাবীর' এর অর্থ কি?

উত্তরঃ সকল ব্যাপারে জ্ঞাত, সর্বজ্ঞ। যিনি প্রকাশ্য-অপ্রকাশ্য, গোপনীয়-রহস্যময়, ঘোষিত-অঘোষিত, অত্যাবশ্যকীয়-অনত্যবশ্যকীয়, সম্ভব-অসম্ভব, উর্ধ্বজগত-নিম্নজগত, অতীত-বর্তমান-ভবিষ্যৎ ইত্যাদি সবকিছুই তিনি বেষ্টন করে রেখেছেন ও তিনি জ্ঞাত আছেন।তাঁর কাছে কোন কিছুই গোপন নয়, তিনি মহাজ্ঞানী, সর্বজ্ঞ।তিনি তাঁর জ্ঞান দ্বারা অত্যাবশ্যকীয়, সম্ভাব্য, অসম্ভব্য সব কিছুই বেষ্টন করে রেখেছেন।

125. প্রশ্নঃ আল্লাহ তাআলার গুণবাচক নাম "আল মুহাইমিন"শব্দের অর্থ কি এবং কতবার কুরআনে উল্লিখিত হয়েছে?

উত্তরঃ আল-মুহাইমিন অর্থ- রক্ষক, অভিভাবক, প্রতিপালনকারী। আল-মুহাইমিন হলেন, যিনি যাবতীয় ক্ষুদ্রতম বিষয় ও অন্তরের সব কিছু অবগত, তিনি তাঁর ইলমের দ্বারা সব কিছু বেষ্টন করে রেখেছেন।

একবার কুরআনে উল্লিখিত হয়েছে (সূরা আল হাশর-এ)।

126. প্রশ্নঃ আল্লাহ তাআলার গুণবাচক নাম 'আর রাযযাক' এর অর্থ কি এবং শব্দটি কুরআনে কতবার এসেছে?

উত্তরঃ রিযিকদাতা) তিনি সমস্ত সৃষ্টির রিযিকদাতা।উর্ধ্বজগত ও নিম্নজগতের এমন কোন সৃষ্টি নেই যে তাঁর রিযিক ভোগ করে না। একবার (সূরা আয যারিয়াত-এ)।

127. প্রশ্নঃ "আল বারী" নামক আল্লাহর সিফাতি নামটির অর্থ কি এবং কুরআনে কতবার উল্লিখিত হয়েছে?

উত্তরঃ নির্মাণকারী, পরিকল্পনাকারী, সৃষ্টিকারী।একবার (সূরা আল হাশর-এ)

128. প্রশ্নঃ 'আখিরাত' শব্দটির অর্থ কি এবং পবিত্র কুরআনে কতবার এসেছে?

উত্তরঃ আখিরাত (আরবি: الآخرة) একটি ইসলামী শব্দ যেটির দ্বারা মৃত্যু পরবর্তী জীবনকে বোঝানো হয়।মুসলিমদের বিশ্বাস অনুযায়ী আখিরাত বা পরকালের জীবনের শুরু আছে কিন্তু শেষ নেই।আখিরাতে মানুষের দুনিয়ার কাজকর্মের হিসাব নেওয়া হবে এবং অতঃপর ভালো কাজের জন্য পুরস্কার এবং মন্দ কাজের জন্য শাস্তি দেওয়া হবে। ১১৫ বার

129. প্রশ্নঃ 'জান্নাত' শব্দটির অর্থ কি এবং পবিত্র কুরআনে কতবার এসেছে?

উত্তরঃ জান্নাত শব্দের আভিধানিক অর্থ ''বাগান'' ।আখিরাতে নেককার মুমিনগণের জন্য যে মহা-নিয়ামতপূর্ণ আবাসস্থল আল্লাহ তৈরি করে রেখেছেন তাকে ইসলামী পরিভাষায় ''জান্নাত'' বলা হয়।জান্নাতের বিভিন্ন স্তর, পর্যায় ও নাম রয়েছে।ফার্সী ভাষায় জান্নাতকে ''বেহেশত'' বলা হয়।পবিত্র কুরআনে ১৩৯ বার (একবচন, দ্বিবচন ও বহুবচন শব্দে) এসেছে

130. প্রশ্নঃ 'জাহান্নাম' শব্দটির অর্থ কি এবং পবিত্র কুরআনে কতবার এসেছে?

উত্তরঃ জাহান্নাম শব্দের মূল অর্থ ''গভীরগর্ত কূপ''।মহান আল্লাহ আখিরাতে অবিশ্বাসী ও পাপীদের শাস্তির জন্য যে অগ্নিময় আবাস তৈরি করেছেন তাকে কুরআন-হাদীসে ''জাহান্নাম'' বলা হয়েছে।জাহান্নামকে কুরআন ও হাদীসে অনেক সময় ''নার'' ব ''অগ্নি'' (নরক) বলা হয়েছে ফার্সী ভাষায় জাহান্নামকে ''দোযখ'' বলা হয়। পবিত্র কুরআনে ৭৭বার এসেছে।

131. প্রশ্নঃ মশা (বা' উযাহ) শব্দটি কুরআনে কতবার উল্লিখিত হয়েছে?

উত্তরঃ একবার, সূরা বাকারা-২৬ নং আয়াত

132. প্রশ্নঃ হুদহুদ পাখির নামটি কুরআনে কতবার বর্ণিত হয়েছে?

উত্তরঃ একবার। সূরা আন নামল ২০ নং আয়াত

133. প্রশ্নঃ পবিত্র কুরআনে কতবার ব্যাঙের উল্লেখ রয়েছে?

উত্তরঃ ১ বার সূরা আরাফ (১৩৩ নং আয়াত)

134. প্রশ্নঃ 'আল হাজ্জ' শব্দটি কুরআনে কতবার এসেছে?

উত্তরঃ ১১ বার

135. প্রশ্নঃ কুরআনে কোন খনিজ দ্রব্যের কথা বেশি উল্লেখ রয়েছে?

উত্তরঃ স্বর্ণ (যাহাব)

136. প্রশ্নঃ আলফ বা এক হাজার সংখ্যাটি কুরআনের কোন সূরায় তিনবার উল্লেখ রয়েছে?

উত্তরঃ সূরা আল আনফাল (৮ নং সূরা)

137. প্রশ্নঃ পবিত্র কুরআনের মধ্যে কোন পরিবর্তন-পরিবর্ধন হবে না।আল্লাহ নিজেই তার হেফাযতের দায়িত্ব নিয়েছেন। কথাটি কোন সূরার কত নং আয়াতে আছে?

উত্তরঃ সূরা আল হিজর ৯ নং আয়াত

138. প্রশ্নঃ পবিত্র কুরআনের কোন্ সূরার কোন্ আয়াতে ব্যভিচারের দন্ডবিধির আলোচনা আছে?

উত্তরঃ সূরা আন নূর- আয়াত নং- ২

139. প্রশ্নঃ পবিত্র কুরআনের কোন সূরার কত নং আয়াতে ওযুর ফরয সমূহ উল্লেখ করা হয়েছে?

উত্তরঃ সূরা আল মায়িদা- আয়াত নং- ৬

140. প্রশ্নঃ পবিত্র কুরআনের কোন সূরার কোন আয়াতে চুরির দন্ডবিধি উল্লেখ হয়েছে?

উত্তরঃ সূরা আল মায়িদা- আয়াত নং- ৩৮

141. প্রশ্নঃ পবিত্র কুরআনের কোন সূরার কোন আয়াতে মিথ্যা অপবাদের শাস্তির বিধান উল্লেখ হয়েছে?

উত্তরঃ সূরা আন নূর-আয়াত নং- ৪

142. প্রশ্নঃ পবিত্র কুরআনের কোন সূরার কোন আয়াতে মুমিন নারী-পুরুষকে দৃষ্টি অবনত রেখে চলাফেরা করতে বলা হয়েছে?

উত্তরঃ সূরা আন নূর-আয়াত নং ৩০-৩১

143. প্রশ্নঃ পবিত্র কুরআনের কোন সূরার কোন আয়াতে মীরাছ (উত্তরাধীকার সম্পদ বন্টন) সম্পর্কে আলোচনা করা হয়েছে?

উত্তরঃ সূরা আন নিসা-আয়াত নং- ১১, ১২ ও ১৭৬

144. প্রশ্নঃ পবিত্র কুরআনের কোন সূরার কোন আয়াতে বিবাহ হারাম এমন নারীদের পরিচয় দেয়া হয়েছে?

উত্তরঃ সূরা আন নিসা-আয়াত নং- ২৩, ২৪

145. প্রশ্নঃ পবিত্র কুরআনের কোন সূরার কোন আয়াতে যাকাত বন্টনের খাত সমূহ আলোচনা করা হয়েছে?

উত্তরঃ সূরা আত তওবা-আয়াত নং- ৬০

146. প্রশ্নঃ পবিত্র কুরআনের কোন সূরার কোন আয়াতে সিয়াম সম্পর্কিত বিধি-বিধান উল্লেখ হয়েছে?

উত্তরঃ সূরা আল বাক্বারা-আয়াত নং ১৮৩-১৮৭

147. প্রশ্নঃ পবিত্র কুরআনের কোন সূরার কোন আয়াতে বাহনে আরোহনের দুআ উল্লেখ করা হয়েছে?

উত্তরঃ সূরা আয যুখরুফ-আয়াত নং- ১৩

148. প্রশ্নঃ পবিত্র কুরআনের কোন সূরার কোন আয়াতে নবী (সাল্লালাহু আলাইহি ওয়া সাল্লাম) এর প্রতি দরূদ পড়ার আদেশ করা হয়েছে?

উত্তরঃ সূরা আল আহযাব-আয়াত নং ৫৬

149. প্রশ্নঃ কোন সূরার কোন আয়াতে হুনায়ন যুদ্ধের কথা আলোচনা করা হয়েছে?

উত্তরঃ সূরা আত তওবা-আয়াত নং- ২৫, ২৬

150. প্রশ্নঃ কোন সূরায় বদর যুদ্ধের ঘটনাবলী উল্লেখ করা হয়েছে?

উত্তরঃ সূরা আল আনফাল (আয়াত নং : ৫-১৯, ৪১-৪৮, ৬৭-৬৯)

151. প্রশ্নঃ কোন সূরায় বনী নযীরের যুদ্ধের ঘটনা উল্লেখ আছে?

উত্তরঃ সূরা আল হাশর (আয়াত নং ২-১৪)

152. প্রশ্নঃ কোন সূরায় খন্দক যুদ্ধের ঘটনা উল্লেখ আছে?

উত্তরঃ সূরা আল আহযাব (আয়াত নং ৯-২৭)

153. প্রশ্নঃ কোন সূরায় তাবুক যুদ্ধের ঘটনা উল্লেখ আছে?

উত্তরঃ সূরা আত তওবা (আয়াত নং ৩৮-১২৯)

154. প্রশ্নঃ কোন সূরায় নবী (সাল্লালাহু আলাইহি ওয়া সাল্লাম) হিজরতের ঘটনা উল্লেখ আছে?

উত্তরঃ সূরা আত তওবা (আয়াত নং ৪০)

155. প্রশ্নঃ কোন সূরার কোন আয়াতে হারূত-মারূতের (২ফেরেস্তার) ঘটনা উল্লেখ আছে?

উত্তরঃ সূরা আল বাক্বারা-আয়াত নং- ১০২

156. প্রশ্নঃ কোন সূরার কোন আয়াতে কারূনের কাহিনী উল্লেখ আছে?

উত্তরঃ সূরা আল ক্বাসাস (আয়াত ৭৬-৮৩)

157. প্রশ্নঃ কোন সূরার কোন আয়াতে সুলায়মান (আঃ)এর সাথে হুদহুদ পাখীর ঘটনা উল্লেখ আছে?

উত্তরঃ সূরা আন নামল (আয়াত নং ২০, ৪৪)

158. প্রশ্নঃ কোন সূরার কোন আয়াতে ক্বিবলা পরিবর্তনের ঘটনা উল্লেখ আছে?

উত্তরঃ সূরা আল বাক্বারা-আয়াত নং ১৪২-১৫০

159. প্রশ্নঃ কোন সূরায় নবী সাল্লালাহু আলাইহি ওয়া সাল্লাম এর ইসরা-মেরাজের ঘটনা উল্লেখ আছে?

উত্তরঃ সূরা বানী ইসরাঈল (আয়াত নং ১) ও সূরা আন নজম (আয়াত: ৮-১৮)

160. প্রশ্নঃ কোন সূরায় হস্তি বাহিনীর ঘটনা উল্লেখ আছে?

উত্তরঃ সূরা আল ফীল (১০৫ নং সূরা)

161. প্রশ্নঃ কোন সূরার কোন আয়াতে যুল ক্বারানাইন বাদশাহর ঘটনা উল্লেখ আছে?

উত্তরঃ সূরা আল কাহাফ-আয়াত নং- ৮৩-৯৮

162. প্রশ্নঃ কোন সূরার কোন আয়াতে ত্বালুত ও জালুতের ঘটনা উল্লেখ আছে?

উত্তরঃ সূরা আল বাক্বারা-আয়াত নং- ২৪৬-২৫২

163. প্রশ্নঃ কোন সূরার কোন আয়াতে মসজিদে আক্বসার কথা উল্লেখ আছে?

উত্তরঃ সূরা বনী ইসরাঈল-আয়াত নং-১

164. প্রশ্নঃ কোন সূরার কোন আয়াতে পিতা-মাতার ঘরে প্রবেশের জন্য অনুমতি নেয়ার নির্দেশ দেয়া হয়েছে?

উত্তরঃ সূরা আন নূর-আয়াত নং- ৫৮, ৫৯

165. প্রশ্নঃ পৃথিবীর ভারসাম্য রক্ষার জন্য পাহাড়কে স্থাপন করার কথা কুরআনের কেথায় বলা হয়েছে?

উত্তরঃ সূরা আন নাহল-এর ১৫ নং আয়াতে

166. প্রশ্নঃ "নিসা" শব্দের অর্থ কী?

উত্তরঃ মহিলাগণ

167. প্রশ্নঃ "খিনঝির" শব্দের অর্থ কী?

উত্তরঃ শূকর

168. প্রশ্নঃ "হাদিউন" শব্দের অর্থ কী?

উত্তরঃ কুরবানির জন্তু

169. প্রশ্নঃ কাওসার কী?

উত্তরঃ জান্নাতের একটি ঝরনা বা নদী

170. প্রশ্নঃ "সূরা আল ফাতিহা" -এর অর্থ কী?

উত্তরঃ সূচনা

171. প্রশ্নঃ "সূরা আল বাকারা" -এর অর্থ কী?

উত্তরঃ গাভী

172. প্রশ্নঃ "সূরা আলে ইমরান" -এর অর্থ কী?

উত্তরঃ ইমরানের পরিবার

173. প্রশ্নঃ "সূরা আল মায়িদা" -এর অর্থ কী?

উত্তরঃ খাদ্য পরিবেশিত টেবিল

174. প্রশ্নঃ "সূরা আল আনআম"-এর অর্থ কী?

উত্তরঃ গৃহপালিত পশু

175. প্রশ্নঃ "সূরা আর রাদ" -এর অর্থ কী?

উত্তরঃ বজ্রপাত

176. প্রশ্নঃ "সূরা আল হিজর" -এর অর্থ কী?

উত্তরঃ পাথুরে পাহাড়

177. প্রশ্নঃ "সূরা আন নাহল" -এর অর্থ কী?

উত্তরঃ মৌমাছি

178. প্রশ্নঃ "সূরা বনী ইসরাঈল" -এর অর্থ কী?

উত্তরঃ ইসরাঈলের বংশধর

179. প্রশ্নঃ "সূরা আল কাহফ" -এর অর্থ কী?

উত্তরঃ গুহা

180. প্রশ্নঃ "সূরা আল আম্বিয়া" -এর অর্থ কী?
উত্তরঃ নবীগণ

181. প্রশ্নঃ "সূরা আল হাজ্জ" -এর অর্থ কী?
উত্তরঃ ইচ্ছা করা

182. প্রশ্নঃ "সূরা আল মুমিনূন" -এর অর্থ কী?
উত্তরঃ মুমিনগণ

183. প্রশ্নঃ "সূরা আন নূর" -এর অর্থ কী?
উত্তরঃ আলো

184. প্রশ্নঃ "সূরা আল ফুরকান" এর অর্থ কী?
উত্তরঃ সত্য-মিথ্যা পার্থক্য নির্ধারণকারী গ্রন্থ

185. প্রশ্নঃ "সূরা আশ শুআরা" -এর অর্থ কী?
উত্তরঃ কবিগণ

186. প্রশ্নঃ "সূরা আন নামল" -এর অর্থ কী?
উত্তরঃ পিপীলিকা

187. প্রশ্নঃ "সূরা আল কাসাস" -এর অর্থ কী?
উত্তরঃ কাহিনী

188. প্রশ্নঃ "সূরা আল আনকাবুত" -এর অর্থ কী?
উত্তরঃ মাকড়সা

189. প্রশ্নঃ "সূরা আর রূম" -এর অর্থ কী?
উত্তরঃ রোমান জাতি

190. প্রশ্নঃ "সূরা আয যারিয়াত" -এর অর্থ কী?
উত্তরঃ প্রবল বাতাস

191. প্রশ্নঃ "সূরা আন নাজম" -এর অর্থ কী?
উত্তরঃ তারকারাজি

192. প্রশ্নঃ "সূরা আল ক্বামার" -এর অর্থ কী?
উত্তরঃ চন্দ্র

193. প্রশ্নঃ "সূরা আর রাহমান" -এর অর্থ কী?
উত্তরঃ পরম করুণাময়

194. প্রশ্নঃ "সূরা আল ওয়াকি'আহ" -এর অর্থ কী?
উত্তরঃ নিশ্চিত ঘটনা

195. প্রশ্নঃ "সূরা আল হাশর" -এর অর্থ কী?
উত্তরঃ সমাবেশ

196. প্রশ্নঃ "সূরা আল মুমতাহিনা" -এর অর্থ কী?
উত্তরঃ নারী, যাকে পরীক্ষা করা হবে

197. প্রশ্নঃ "সূরা আস সফ" -এর অর্থ কী?
উত্তরঃ সারিবন্দী সৈন্যদল

198. প্রশ্নঃ "সূরা আল জুমুআহ" -এর অর্থ কী?

উত্তরঃ সম্মেলন

199. প্রশ্নঃ "সূরা আল মুনাফিকুন" -এর অর্থ কী?

উত্তরঃ কপট বিশ্বাসীগণ

200. প্রশ্নঃ "সূরা আত তাগাবুন" -এর অর্থ কী?

উত্তরঃ মোহ অপসারণ

201. প্রশ্নঃ "সূরা আত তালাক" -এর অর্থ কী?

উত্তরঃ তালাক (ছেড়ে দেওয়া)

202. প্রশ্নঃ "সূরা আত তাহরীম" -এর অর্থ কী?

উত্তরঃ নিষিদ্ধকরণ

203. প্রশ্নঃ "সূরা আল মুলক" -এর অর্থ কী?

উত্তরঃ সার্বভৌম কতৃত্ব

204. প্রশ্নঃ "সূরা আল কালাম" -এর অর্থ কী?

উত্তরঃ কলমটি

205. প্রশ্নঃ "সূরা আল হাক্কাহ" -এর অর্থ কী?

উত্তরঃ নিশ্চিত সত্য

206. প্রশ্নঃ "সূরা আল মা' আরিজ" -এর অর্থ কী?

উত্তরঃ উন্নয়নের সোপান

207. প্রশ্নঃ সূরা আশ শামস' -এর অর্থ কী?

উত্তরঃ সূর্য

208. প্রশ্নঃ "সূরা আল লাইল" -এর অর্থ কী?

উত্তরঃ রাত্রি

209. প্রশ্নঃ "সূরা আদ দুহা" -এর অর্থ কী?

উত্তরঃ পূর্বাহ্নের সূর্যকিরণ

210. প্রশ্নঃ "সূরা আল ইনশিরাহ" -এর অর্থ কী?

উত্তরঃ বক্ষ প্রশস্তকরণ

211. প্রশ্নঃ "সূরা আত ত্বীন"-এর অর্থ কী?

উত্তরঃ ডুমুর

212. প্রশ্নঃ "সূরা আল আলাক" -এর অর্থ কী?

উত্তরঃ রক্তপিণ্ড

213. প্রশ্নঃ "সূরা আল ক্বাদর" -এর অর্থ কী?

উত্তরঃ মহিমান্বিত

214. প্রশ্নঃ "সূরা আল বাইয়্যিনাহ" -এর অর্থ কী?

উত্তরঃ সুস্পষ্ট প্রমাণ

215. প্রশ্নঃ "সূরা আল যিলযাল" -এর অর্থ কী?

উত্তরঃ ভূমিকম্প

216. প্রশ্নঃ "সূরা আল আদিয়াত" -এর অর্থ কী?

উত্তরঃ অভিযানকারী

217. প্রশ্নঃ "সূরা আল কারিআহ্" -এর অর্থ কী?

উত্তরঃ মহাসংকট

218. প্রশ্নঃ "সূরা আত তাকাসুর" -এর অর্থ কী?

উত্তরঃ প্রাচুর্যের প্রতিযোগিতা

219. প্রশ্নঃ "সূরা আল আসর" -এর অর্থ কী?

উত্তরঃ সময়, অপরাহ্ন, বিশেষ সময় যখন আসরের সালাত পড়া হয়

220. প্রশ্নঃ "সূরা আল হুমাযাহ্" -এর অর্থ কী?

উত্তরঃ পরনিন্দাকারী

221. প্রশ্নঃ "সূরা আল ফীল" -এর অর্থ কী?

উত্তরঃ হাতি

222. প্রশ্নঃ "সূরা আল কুরাইশ" -এর অর্থ কী?

উত্তরঃ কুরাইশ গোত্র

223. প্রশ্নঃ "সূরা আল মাউন" -এর অর্থ কী?

উত্তরঃ নিত্য ব্যবহার্য গৃহস্থালির সরঞ্জামাদি

224. প্রশ্নঃ "সূরা আল কাওসার" -এর অর্থ কী?

উত্তরঃ সুমিষ্ট পানীয়

225. প্রশ্নঃ "সূরা আল কাফিরূন"-এর অর্থ কী?

উত্তরঃ অবিশ্বাসীগণ

226. প্রশ্নঃ "সূরা আল আরাফ" -এর অর্থ কী?

উত্তরঃ উঁচু স্থানসমূহ

227. প্রশ্নঃ "সূরা আল আনফাল" -এর অর্থ কী?

উত্তরঃ যুদ্ধলব্ধ ধনসম্পদ

228. প্রশ্নঃ "সূরা আত তাওবাহ" -এর অর্থ কী?

উত্তরঃ অনুশোচনা

229. প্রশ্নঃ "সূরা আস সাজদাহ" -এর অর্থ কী?

উত্তরঃ সেজদা, অবনত হাওয়া

230. প্রশ্নঃ "সূরা আল আহযাব" -এর অর্থ কী?

উত্তরঃ মহাজোট

231. প্রশ্নঃ "সূরা ফাতির" -এর অর্থ কী?

উত্তরঃ আদি স্রষ্টা

232. প্রশ্নঃ "সূরা আস সাফফাত" -এর অর্থ কী?

উত্তরঃ সারিবদ্ধভাবে দাঁড়ানো

233. প্রশ্নঃ "সূরা আয যুমার" -এর অর্থ কী?

উত্তরঃ দলবদ্ধ জনতা

234. প্রশ্নঃ "সূরা হা-মীম" -এর অর্থ কী?

উত্তরঃ এর অর্থ আল্লাহ ছাড়া কেউ জানে না

235. প্রশ্নঃ "সূরা আশ শূরা" -এর অর্থ কী?

উত্তরঃ পরামর্শ

236. প্রশ্নঃ "সূরা আয যুখরুফ" -এর অর্থ কী?

উত্তরঃ সোনাদানা

237. প্রশ্নঃ "সূরা আদ দুখান" -এর অর্থ কী?

উত্তরঃ ধোয়া

238. প্রশ্নঃ "সূরা আল জাসিয়া" -এর অর্থ কী?

উত্তরঃ নতজানু

239. প্রশ্নঃ "সূরা আল আহক্বাফ" -এর অর্থ কী?

উত্তরঃ বালুর পাহাড়

240. প্রশ্নঃ "সূরা মুহাম্মাদ" -এর অর্থ কী?

উত্তরঃ প্রশংসিত

241. প্রশ্নঃ "সূরা আল ফাতহ" -এর অর্থ কী?

উত্তরঃ বিজয় বা মক্কা বিজয়

242. প্রশ্নঃ "সূরা আল হুজুরাত" -এর অর্থ কী?

উত্তরঃ বাসগৃহসমূহ

243. প্রশ্নঃ "সূরা আল জিন" -এর অর্থ কী?

উত্তরঃ অদৃশ্য প্রাণী

244. প্রশ্নঃ "সূরা আল মুয্যাম্মিল" -এর অর্থ কী?

উত্তরঃ বস্ত্রাচ্ছাদনকারী

245. প্রশ্নঃ "সূরা আল মুদ্দাসসির" -এর অর্থ কী?

উত্তরঃ পোশাক পরিহিত

246. প্রশ্নঃ "সূরা আল কিয়ামাহ্" -এর অর্থ কী?

উত্তরঃ পুনরুত্থান

247. প্রশ্নঃ "সূরা আদ দাহর"-এর অর্থ কী?

উত্তরঃ যুগ

248. প্রশ্নঃ "সূরা আল মুরসালাত" -এর অর্থ কী?

উত্তরঃ প্রেরিত পুরুষগণ

249. প্রশ্নঃ "সূরা আন নাবা" -এর অর্থ কী?

উত্তরঃ মহাসংবাদ

250. প্রশ্নঃ "সূরা আন নাযিআত" -এর অর্থ কী?

উত্তরঃ প্রচেষ্টাকারী

251. প্রশ্নঃ "সূরা আবাসা" -এর অর্থ কী?

উত্তরঃ তিনি ভ্রুকুটি করলেন

252. প্রশ্নঃ "সূরা আত তাকভীর" -এর অর্থ কী?

উত্তরঃ অন্ধকারাচ্ছন্ন

253. প্রশ্নঃ "সূরা আল ইনফিতার" -এর অর্থ কী?

উত্তরঃ বিদীর্ণ করা

254. প্রশ্নঃ "সূরা আল মুতাফফিফীন" -এর অর্থ কী?

উত্তরঃ প্রতারণা করা

255. প্রশ্নঃ "সূরা আল ইনশিক্বাক" -এর অর্থ কী?

উত্তরঃ খণ্ড-বিখণ্ডকরণ

256. প্রশ্নঃ "সূরা আল বুরূজ" -এর অর্থ কী?

উত্তরঃ নক্ষত্রপুঞ্জ

257. প্রশ্নঃ "সূরা আত তারিক" -এর অর্থ কী?

উত্তরঃ রাতের আগন্তুক

258. প্রশ্নঃ "সূরা আল আ' লা" -এর অর্থ কী?

উত্তরঃ সর্বোন্নত

259. প্রশ্নঃ "সূরা গাশিয়া" -এর অর্থ কী?

উত্তরঃ বিহ্বলকর ঘটনা

260. প্রশ্নঃ "সূরা আল ফাজ্‌র" -এর অর্থ কী?

উত্তরঃ ভোরবেলা

261. প্রশ্নঃ "সূরা আল বালাদ" -এর অর্থ কী?

উত্তরঃ নগর

262. প্রশ্নঃ "সূরা আন নাসর" -এর অর্থ কী?

উত্তরঃ স্বর্গীয় সাহায্য

263. প্রশ্নঃ "সূরা আল লাহাব" -এর অর্থ কী?

উত্তরঃ জ্বলন্ত অঙ্গার

264. প্রশ্নঃ "সূরা আল ইখলাস" -এর অর্থ কী?

উত্তরঃ একনিষ্ঠতা

265. প্রশ্নঃ "সূরা আল ফালাক" -এর অর্থ কী?

উত্তরঃ নিশিভোর

266. প্রশ্নঃ "সূরা আন নাস" -এর অর্থ কী?

উত্তরঃ মানবজাতি

267. প্রশ্নঃ প্রথম মুফাসসির বলা হয় কাকে?

উত্তরঃ হযরত মুহাম্মদ সাল্লাল্লাহু আলাইহি ওয়া সাল্লাম-কে

268. প্রশ্নঃ আল্লাহ তা'য়ালা মুদ্দাসসির বলতে কাকে বুঝিয়েছেন?

উত্তরঃ হযরত মুহাম্মদ সাল্লাল্লাহু আলাইহি ওয়া সাল্লাম-কে

269. প্রশ্নঃ সর্বপ্রথম কোন সাহাবী মক্কায় উচ্চ:স্বরে কুরআন পাঠ করেন?

উত্তরঃ আবদুল্লাহ্ বিন মাসউদ (রাঃ)

270. প্রশ্নঃ পবিত্র কুরআনের কোন সূরাটি ওমর (রাঃ)-এর ইসলাম গ্রহণের কারণ ছিল?

উত্তরঃ সূরা আত ত্বহা (২০ নং সূরা)

271. প্রশ্নঃ মুসলিম জাতির পিতা কে? এ প্রসঙ্গে কুরআনের আয়াতের বিশ্লেষণ কোনটি?

উত্তরঃ ইবরাহীম (আ.)

مِلَّةَ أَبِيكُمْ إِبْرَاهِيمَ هُوَ سَمَّاكُمُ الْمُسْلِمِينَ مِن قَبْلُ وَفِي هَذَا

272. প্রশ্নঃ আল্লাহ তাআলা ভূমিকে কীরূপে সৃষ্টি করেছেন?

উত্তরঃ বিছানার মতো

273. প্রশ্নঃ আল্লাহ তাআলা আকাশকে কীরূপে সৃষ্টি করেছেন?

উত্তরঃ ছাদস্বরূপ

274. প্রশ্নঃ কুরআনের কোন সূরার কত নং আয়াতে আল্লাহ তাআলা কুরআনকে "হাবলিল্লাহ" বা আল্লাহর রশি বলে আখ্যায়িত করেছেন?

উত্তরঃ সূরা আলে ইমরান-এর ১০৩ নং আয়াত

275. প্রশ্নঃ মারইয়াম (আ.) কোন গাছ ধরে নাড়া দিয়েছিলেন?

উত্তরঃ খেজুর গাছ (সূরা মারইয়াম ১৯:২৫)

276. প্রশ্নঃ একমাত্র কোন নারীকে কুরআনে "সিদ্দিকা" বা "সত্যবাদিনী" গুণে গুণান্বিত করে উল্লেখ করা হয়েছে?

উত্তরঃ মারইয়াম (আ.)-কে

277. প্রশ্নঃ সূরা লুকমানে লুকমান (আ.) তার ছেলেকে কয়টি উপদেশ দিয়েছেন?

উত্তরঃ ১০টি

- ১. "হে আমার প্রিয় পুত্র, আল্লাহর সাথে শরীক করো না।নিশ্চয় আল্লাহর সাথে শরীক করা মহা অন্যায়।" (সূরা লুকমান, আয়াত: ১৩)
- ২. "আমি মানুষকে তার পিতা-মাতার সাথে সদ্ব্যবহারের জোর নির্দেশ দিয়েছি।..." (সূরা লুকমান, আয়াত: ১৪)
- ৩. "হে আমার পুত্র, কোন বস্তু যদি সরিষার দানা পরিমাণও হয় অতপর তা যদি থাকে প্রস্তর গর্ভে অথবা আকাশে অথবা ভূ-গর্ভে, তবে আল্লাহ তাও উপস্থিত করবেন।নিশ্চয় আল্লাহ গোপন ভেদ জানেন, সবকিছুর খবর রাখেন।" (সূরা লুকমান, আয়াত: ১৬)
- ৪. "হে আমার পুত্র, নামায কায়েম কর...." (সূরা লুকমান, আয়াত: ১৭)
- ৫. "সৎকাজে আদেশ দাও, মন্দ কাজে নিষেধ কর..." (সূরা লুকমান, আয়াত: ১৭)
- ৬. "এবং বিপদাপদে সবর কর।..." (সূরা লুকমান, আয়াত: ১৭)
- ৭. "অহংকারবশে তুমি মানুষকে অবজ্ঞা করো না..." (সূরা লুকমান, আয়াত: ১৮)
- ৮. "....এবং পৃথিবীতে গর্বভরে পদচারণ করো না।নিশ্চয় আল্লাহ কোন দাম্ভিক অহংকারীকে পছন্দ করেন না।.." (সূরা লুকমান, আয়াত: ১৮)
- ৯. "পদচারণায় মধ্যবর্তিতা অবলম্বন কর..." (সূরা লুকমান, আয়াত: ১৯)
- ১০. ".....এবং কণ্ঠস্বর নীচু কর।নিঃসন্দেহে গাধার স্বরই সর্বাপেক্ষা অপ্রীতিকর।" (সূরা লুকমান, আয়াত: ১৯)

編著者略歴
MD NAYAMAT ULLAH（エムディ ニヤマット ウッラ）
1984年1月1日生まれ。少年期をバングラデシュのチッタゴンで過ごし、2003年10月に留学生として来日。コンピュータの専門家としての勤務をしながら、バングラデシュから来た留学生に日本の正しい情報を伝えたいと、新聞を刊行（現在は廃刊）。思い募り2014年、国書日本語学校に入職。2020年には日本で生まれた子供たちのイスラム勉強会を創設し、代表となり、また2023年8月には、イスラミックファウンデーションの東京代表に就任。様々な活動の傍ら、日本で生まれ育ったイスラム教徒の子弟教育に心血を注いでいる。

本書の刊行に当たっては、一般社団法人 Islamic Cultural Foundation Japan の出版助成を得ました。

編著：エムディ ニヤマット ウッラ
英語翻訳：ブシュラ ビンテ ハビブ
　　　　　ナシマ アクター
日本語校閲：杉本恭一郎
日本語翻訳：塩田ハヤト
ベンガル語校閲：アハメド サベル
お問い合わせ：一般社団法人 Islamic Cultural Foundation Japan
　　　　　　　〒343-0844
　　　　　　　埼玉県越谷市大間野町2丁目15-1
　　　　　　　Tel: 048-985-0911

クルアーン Q&A
2025年3月17日　初版第1刷発行

〒174-0056 東京都板橋区志村1-13-15
発行者　佐藤丈夫
発行所　株式会社 国書刊行会
TEL.03(5970)7421(代表)　FAX.03(5970)7427
https://www.kokusho.co.jp
ISBN978-4-336-07640-3

印刷・株式会社シーフォース／製本・株式会社村上製本所
落丁本・乱丁本はお取替いたします。
本書の無断転写（コピー）は著作権法上の例外を除き、禁じられています。
表紙の人物画像のクレジット：Pngtree

memo

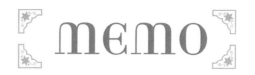

memo

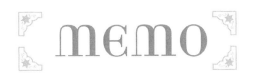

memo

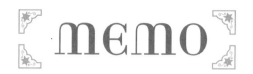

memo

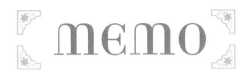

memo

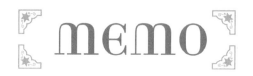

memo

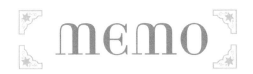